사도세자의 눈물

사과문고 98
사도세자의 눈물

1판 1쇄 인쇄 2024년 6월 20일
1판 1쇄 발행 2024년 7월 5일

글쓴이 이규희
그린이 서누

펴낸이 정중모
펴낸곳 파랑새

편집장 서경진 | 편집 정혜연, 김보라 | 디자인 권순영
마케팅 김선규 | 홍보 고다희 | 온라인사업 서명희
제작 윤준수 | 영업관리 구지영 | 회계 홍수진

등록 1988년 1월 21일(제406-2000-000202호)
주소 경기도 파주시 회동길 152
전화 031-955-0670 | 팩스 031-955-0661
홈페이지 www.bbchild.co.kr | 전자우편 bbchild@yolimwon.com

ⓒ 이규희·서누, 2024
ISBN 978-89-6155-526-5 74810
　　　 978-89-6155-178-6 (세트)

· 책값은 뒤표지에 있습니다.
· 저자와의 협의에 의해 인지를 생략합니다.
· 저작자와 출판사의 허락 없이 이 책의 일부 또는 전체를 인용하거나 발췌하는 것을 금합니다.

어린이제품안전특별법에 의한 제품 표시
제조자명 파랑새 | 제조년월 2024년 6월 | 제조국 대한민국 | 사용연령 7세 이상

사도세자의 눈물

이규희 글 · 서누 그림

파란새

"가자! 저 넓고 넓은 하늘,
　　나의 별나라로 가자.
그곳에 내가 꿈꾸던 새 세상을 만들자.
　　모두 나와 함께 가자꾸나!"

| 작가의 말

별이 된 뒤주 왕자

어린 시절, 별다른 재주가 없었던 나는 딱 한 가지 책 읽는 걸 좋아했어요. 그중에서도 우리나라 역사에 관한 책을 읽는 게 좋았어요. 역사 속에는 보물창고처럼 재미있고 감동적인 이야기들이 가득 들어 있으니까요. 하지만 아무리 생각해도 이해할 수 없는 게 있었어요.

사도세자. 뒤주에서 죽어 간 뒤주 왕자 이야기였어요.

'영조는 왜 아들을 뒤주에 가둔 것일까?' '그 좁고 갑갑한 뒤주에 들어간 사도세자의 마음은 어땠을까?'

여러 가지 생각들이 꼬리에 꼬리를 물고 이어졌어요. 어쩌면 이번에 '사도세자'를 쓴 것도 어린 시절부터 이어 온 그런 궁금증 때문이었을 거예요.

영조가 마흔둘 나이에 얻은 귀한 아들, 효종을 닮아 기개가 드높았던 세자는 무예를 익혀 나라를 더욱 튼튼히 하고 백성들을 편안히 살게 하고 싶었어요. 하지만 이상하게도 영조는 사도세자를 못마땅하게 여겼어요. 그 당시 나랏일을 쥐락펴락하던 노론들도 사도세자를 두려워했고요. 사도세자가 자신

들과 반대파인 소론 편이라고 여긴 거예요. 일은 점점 사도세자에게 불리해졌어요. 노론의 힘으로 왕위에 오른 임금도 어쩔 수 없는 지경에 이르렀어요. 안타깝게도 사도세자는 뒤주에 들어가야만 했어요.

사람들은 그 후 사도세자를 뒤주 왕자라고 불렀어요.

나는 죽은 뒤주 왕자가 어쩌면 별나라로 갔을지도 모른다는 생각이 들었어요. 자신의 꿈과 희망을 펼칠 또 다른 나라, 갈등도 미움도 슬픔도 다툼도 없는 아름다운 별나라로 말이

에요.
 그곳에서 우리가 사는 이 세상도 아름답고 평화로운 나라가 되길 빌어 주리라 믿으면서요.

사도세자를 기억하며 이규희

| 차례

작가의 말　6

저승전의 어린 세자　13
궐 밖 나들이　26
상궁의 비밀 편지　41
밝혀지는 비밀　58
길도 없고 문도 없는　70
큰 임금, 작은 임금　81

나는 누구의 편도 아니오　104
억울하고 억울한 일　118
온양 행궁　131
평안도로 가는 길　142
함정에 빠진 세자　153
뒤주에 들어간 세자　166

저승전의 어린 세자

천둥번개가 무섭게 내리치는 초가을 밤이었습니다.
"으아아악, 저리 가. 어서 저리 가!"
선은 마구 손을 내저으며 소리를 질렀습니다. 하지만 어둑서니처럼 형체 없이 시커먼 그림자는 선을 붙잡은 채 놓아주지 않았습니다.
"싫어, 안 갈 거야, 안 갈 거라고. 저리 가!"
선은 있는 힘껏 검은 그림자를 밀쳐 냈습니다. 그러다가 간신히 눈을 떠 보니 온몸이 땀으로 흥건하게 젖어 있었습니다.
'또 악몽을 꾸었구나.'

　선은 새삼 진저리 치며 어두운 방 안을 바라보았습니다. 우르릉 쾅쾅, 번쩍번쩍 천둥번개가 쳐서 그런지 방 안은 그 어느 때보다 무섭게만 보였습니다.
　'나도 어마마마가 계신 집복헌에서 살면 얼마나 좋을까?'
　선은 태어난 지 백일 만에 어머니 품을 떠나 외떨어진 이곳에서 보모상궁들과 사는 게 어쩐지 싫었습니다. 하지만 그런 소리를 함부로 입 밖에 내어 말했다간 큰일입

니다. 선을 '세자 자리를 잇는 집'이라는 뜻이 담긴 저승전에서 자라도록 한 것은 바로 아버지인 임금의 뜻이었으니까요.

 임금은 첫아들이 죽은 지 7년 만에 선이 태어나자, "효종, 현종, 숙종 삼 종의 혈맥이 비로소 이어지게 되었으니 이제 죽어서 선대 임금들을 뵐 면목이 서게 되었구나."라며 기쁨을 감추지 못했습니다. 그리고 갓난아기인 선을 원자로 삼고 14개월이 되자 세자로 책봉할 만큼

히 여겼습니다.

선이 깨어 있으려니 곁방에서 잠을 자던 한 상궁이 달려와 걱정스레 물었습니다.

"세자마마, 오늘 또 무서운 꿈을 꾸셨습니까?"

"응. 무서워. 무서워서 잠을 잘 수가 없어. 천둥번개도 무섭고."

선은 새삼 어리광을 부리듯 울먹였습니다.

"마마, 쇤네가 옆에 있을 테니 마음 놓고 푹 주무시어요."

한 상궁은 이불을 덮어 주며 선을 토닥였습니다. 그제야 선은 안심하며 스르르 다시 잠이 들었습니다.

다음 날 아침, 언제 그렇게 비가 왔느냐는 듯 해가 반짝 빛났습니다. 선은 이른 아침부터 채비를 하고는 사뿐사뿐 세자시강원으로 나갔습니다.

"저하, 편안히 주무셨사옵니까?"

세자시강원 사부들이 고개 숙여 인사를 했습니다. 선의 글공부를 맡은 이광좌와 김재로였습니다. 임금은 선을 위해 조정의 최고 자리인 영의정과 좌의정을 스승으로 삼게 한 것입니다. 그만큼 아버지인 임금은 아들 선을 귀하게 여겼고 선의 공부에 관심이 많았습니다.

선은 자리에 앉자마자 간밤의 악몽을 떠올리며 물었습니다.

"사부, 낮과 밤은 왜 생기는 것인가요? 온 세상을 뒤덮을 듯 캄캄한 밤은 사라지고 환한 낮만 있는 세상에서 살고 싶습니다."

"하하하, 저하. 그런 세상은 어디에도 없사옵니다. 낮이 있으면 밤이 있고, 밝음이 있으면 어둠이 있고, 기쁨이 있으면 슬픔도 있는 법이니까요. 세상 만물은 모두 이렇게 짝을 이뤄야 어느 한쪽으로 기울지 않는답니다."

이광좌가 먼저 웃으며 대답했습니다.

"그렇습니다. 밤이 되면 온 우주 만상이 쉼을 얻고, 낮이 되면 저마다 활발하게 맡은 일을 하는 게 삶의 이치이지요. 그것은 사람뿐 아니라 식물도 짐승도 다 마찬가지이옵니다."

김재로도 덧붙여 대답했습니다. 그러자 선은 고개를 갸우뚱하고 물었습니다.

"아, 이제 알겠어요. 조정 신하들 중에도 이쪽 편이 있고, 저쪽 편이 있는 것처럼 말이지요? 그런데 사부님들,

만물의 이치가 그러한데 이 나라의 신하들은 왜 한쪽의 입김만 더 센 걸까요? 서로 공평하고 사이좋게 정사를 논하면 좋을 텐데요."

선은 가끔 임금이 계신 인정전에 불려 나갈 때마다 서로 으르렁거리던 신하들을 떠올리며 물었습니다.

"아니, 저, 저하, 어찌 그, 그런 말씀을······."

김재로의 얼굴이 홍당무처럼 빨개졌습니다. 그 무렵 조정은 노론과 소론으로 나뉘어 신하들끼리 서로 티격태격하고 있었는데, 김재로는 바로 세력을 쥔 노론 쪽이었거든요.

'음······, 태어난 지 넉 달 만에 기셨고, 여섯째 달에는 임금의 부르심에 대답을 하셨고, 일곱째 달에는 이미 동서남북을 가리킬 줄 아셨고, 두 살에는 글자를 배워 천(天), 지(地), 부(父), 모(母) 등 63자를 읽을 정도로 영특하시더니 이제 겨우 여덟 살 어린 나이에 이토록 조정의 일을 훤히 꿰뚫어 보시다니!'

김재로는 등줄기에 식은땀이 날 만큼 놀랐습니다.

"저하, 참으로 영특하시옵니다. 소인이 바라는 것도 바로 그런 중용이옵니다."

이광좌는 빙긋이 웃으며 머리를 조아려 대답했습니다. 그는 조정에서 힘이 약한 소론 쪽이었습니다. 이광좌는 문득 선이 세 살이었을 때를 떠올렸습니다.

『효경』과 『소학』에서 가려 뽑은 천자문을 읽다가 '사치할 치(侈)'가 나오자 선은 갑자기 입고 있던 자신의 옷을 가리켰습니다. 그리고 값비싼 비단으로 만든 모자를 벗어 버리며 말했습니다.

"이것이 다 사치한 것입니다."

"오, 저하, 어찌 그리 생각이 깊으신지요!"

곁에 있던 사람들은 모두 감동하여 어쩔 줄 몰랐습니다.

임금은 그런 선을 누구보다 어여삐 여겼습니다.

어느 날 임금이 선에게 물었습니다.

"비단과 무명 중에 무엇이 더 나은가?"

"무명이옵니다."

"그럼 너는 비단옷과 무명옷 중 어느 옷을 입겠는가?"

"당연히 무명옷이옵니다."

선은 임금의 물음에 조금도 망설임 없이 대답했습니다.

"오호, 과연 내 아들이로다!"

임금은 환하게 웃으며 기뻐하였습니다. 기름진 음식을 탐하기보다는 소식을 즐기고, 잠을 잘 때도 명주 이불 한 채와 요 하나가 전부이며, 입은 옷을 여러 번 다시 입어 세탁을 줄이도록 할 만큼 검소한 생활을 즐기던 임금이었으니까요.

'세자 저하가 저리 영특하시니 장차 이 나라의 앞날이 든든하겠구나.'

이광좌의 입가에는 알 듯 모를 듯 웃음이 어려 있었습니다.

하지만 두 사부의 생각과 달리 선은 아직 모든 것이 신기하기만 한 어린아이에 지나지 않았습니다. 세자시강원에 나가 공부를 할 때는 누구보다 의젓했지만 저승전에서 보모상궁들과 외롭게 살아서인지 늘 사람이 그리웠습니다. 그럴 때는 그저 밖에 나가 군기놀이를 하는 게 제일이었습니다.

선은 글공부도 좋아했지만 나무로 만든 칼이나 창을 들고 군기놀이 하는 것을 더욱 좋아했습니다. 혼자 심심해하는 선을 위해 한 상궁이 나무나 종이로 만든 칼을 주며 함께 놀아 주곤 할 때부터 즐겨하던 놀이였습니다.

"이얍, 받아라. 받아!"

"에구머니, 하, 항복이옵니다, 항복."

어린 궁녀들과 궁관, 시종들이 늘 선의 싱대기 뫼어

주었습니다. 하지만 요즈음 선이 제일 만만하게 생각하는 상대는 달쇠였습니다. 낮이나 밤이나 선의 옆에서 시중을 들어 주는 달쇠는 누구보다 몸집도 크고 움직임이 재빠르고 겁이 없었습니다. 다른 사람들은 늘 일부러 져 주었지만 달쇠는 언제나 당당하게 선의 맞상대를 해 주었습니다.

"달쇠야, 달쇠야!"

선은 큰 소리로 달쇠를 불렀습니다.

"세자마마, 부르셨습니까?"

"응, 어서 나랑 군기놀이를 하자."

선이 나무칼을 들고 밖으로 나왔습니다. 그러자 달쇠도 어느새 나무칼을 높이 들고 섰습니다.

휙휙.

저승전 뜰을 뛰어다니며 나무칼을 휘두르자 선은 마냥 신이 났습니다. 어느 틈에 간밤에

꾼 악몽의 기억이나 마음속 외로움도 다 사라지고 말았습니다.

"달쇠야, 너는 무예 실력이 이처럼 뛰어난데 무관이 되지 않고 왜 내관이 되었느냐?"

한바탕 칼싸움을 하고 난 선은 나무 밑에 앉아 땀을 식히다가 문득 이렇게 물었습니다.

"저 같은 상민 출신이 벼슬에 오르는 건 꿈도 꾸지 못합니다. 그러니 내관으로라도 궁에 들어와 빨리 돈을 벌어 집안을 돕고 싶습니다."

"가족들이 궐 밖에 살고 있느냐?"

"네, 아버지, 어머니, 그리고 누이동생 오월이가 남대문 밖에서 살고 있답니다. 아버지는 나무를 해다 팔고, 어머니는 삯바느질을 하며 근근이 살고 있지요. 매달 제가 받는 녹봉을 모아 장차 우리 오월이 시집을 보내려고 해요."

"그렇구나. 너에게도 가족이 있다는 걸 미처 생각하지 못했어. 동생이 무척 보고 싶겠구나."

"그럼요. 이번 쉬는 날에는 댕기를 사다 준다고 약속했답니다."

달쇠는 자랑스레 말했습니다.

"하지만 달쇠야, 때때로 궐 안으로 들어와 사는 걸 후회하지 않니? 여긴 지켜야 할 것도 너무 많고, 늘 내 옆에만 있어야 하니 말이다."

선은 미안한 듯 물었습니다.

"세자마마, 그게 무슨 말씀이십니까? 저는 죽을 때까지 곁에서 세자마마를 잘 보살펴 드릴 것이옵니다. 그리고 한번 궁 안에 들어오면 마음대로 나가지 못한다는 것을 모르십니까? 저는 평생 저하 곁에 있을 것이옵니다."

달쇠는 펄쩍 뛸 듯이 놀라 대답했습니다.

"우하하, 그게 정말이야? 좋았어! 너는 지금처럼 평생 내 옆에 있어야 해. 너랑 나랑은 평생 친구처럼 지내는 거라고. 알았지?"

"저하, 당치 않사옵니다. 감히 천한 제가 어찌 저하와 친구가 될 수 있사옵니까…….”

 달쇠는 얼굴이 빨개진 채 어쩔 줄 몰랐습니다.

 “나이가 많고 적음이 무슨 상관이야, 지위가 높고 낮음도 그렇고. 책을 보면 진정한 친구란 마음과 마음을 나누는 사이라고 했어. 넌 유일한 내 친구야.”

 “저하, 누가 들을까 봐 겁이 납니다. 이놈 죽을 때까지 세자마마를 모시는 게 꿈인데, 이러다 쫓겨날까 두렵사옵니다.”

 달쇠는 거의 울 듯하며 발을 동동 굴렀습니다.

 “그래, 알았다, 알았어. 누가 감히 널 쫓아내겠느냐. 염려 말고 언제까지나 내 곁에 있거라.”

 선은 달쇠를 달래 주었습니다. 궁궐 안에서 선이 믿고 의지할 진정한 친구는 역시 달쇠밖에 없었습니다.

궐 밖 나들이

어느 날 아침이었습니다. 달쇠가 저승전을 나서는 게 보였습니다.
"달쇠야, 어디 가니, 응?"
"앗, 저하, 제가 말씀드리지 않았습니까? 오늘 제가 쉬는 날이라고요. 그래서 집에 가려는 길이옵니다."
"정말? 에이, 너하고 제기차기나 하려고 했더니."
선은 시무룩한 얼굴로 말했습니다. 그러다가 눈을 반짝이며 물었습니다.
"달쇠야, 나도 같이 가자. 궐 밖 구경을 하는 것이 내 소원이란다. 그러니 제발 나도 좀 데리고 가렴, 응!"

"아휴, 그건 안 되옵니다. 전하께서 아시면 이놈 살아남지 못할 것이옵니다."

"아바마마께는 벌써 아침 문안을 여쭙고 왔으니 다시 날 찾지 않으실 게야. 그러니 나 좀 데리고 나가 주렴. 한 상궁이랑 최 상궁한테는 나중에 내가 말을 할 테니."

"저하, 어찌 이리 고집을 피우십니까. 그렇게 궐 밖 구경을 하시고 싶다면 한 가지 조건이 있습니다. 먼저 상궁마마의 허락을 받아 오십시오."

달쇠가 마지못해 말했습니다.

"그래, 알았다, 알았어."

선은 후닥닥 달려가 한 상궁에게 궐 밖으로 나가겠다며 졸라 댔습니다.

"아휴, 세자마마. 그럼 딱 한 시진이옵니다, 아시겠지요? 그 대신 동궁전을 지키는 군사 하나를 데리고 나가십시오. 그렇게 하지 않으시면 허락하지 않을 것이옵니다."

펄쩍 뛰며 말리던 한 상궁이 마지못해 허락을 해 주었습니다.

"그래, 좋아. 지난번에 새로 들어온 도치를 데리고

갈게."

선은 잔뜩 설레는 얼굴로 대답했습니다.

동궁전을 지키는 익위사에는 종5품인 사어를 비롯해서 익찬·위솔·부솔·시직·세마 등 여러 직책이 있었는데, 도치는 그중 제일 낮은 사령이었습니다. 선이 군기놀이를 할 때면 가끔 달쇠와 같이 상대를 해 주곤 해서 누구보다 친했습니다.

"자, 어서 가자!"

마침내 선은 달쇠와 듬직하게 생긴 도치를 데리고 궁궐을 빠져나왔습니다. 어느 틈에 옷도 세자가 아니라 여염집 도령차림으로 싹 갈아입었습니다.

"정말 좋구나, 좋아! 새장에 갇혀 있던 새가 밖으로 나온 기분이 이럴 거야."

선은 마치 달아나듯 겅중겅중 창덕궁을 지나 운종가 쪽으로 걸어갔습니다. 햇살은 따스하고 하늘도 구름 한 점 없이 맑기만 했습니다.

"달쇠야, 댕기를 사려면 육의전 쪽으로 가야 하지 않느냐? 최 상궁과 한 상궁의 이야기를 들으니까 육의전은 아주 큰 시장이라면서? 나도 한번 가 보고 싶구나."

"아휴, 저하. 그건 아니되옵니다. 거긴 사람도 많고, 자칫하다 길을 잃기 십상이거든요."

도치가 고개를 절레절레 내저었습니다. 하지만 선은 벌써 사람들이 구름처럼 몰려가는 운종가 육의전 쪽으로 성큼성큼 걸음을 옮기기 시작했습니다. 궐 안에만 있다가 모처럼 밖으로 나온 선은 그저 모든 것이 신기했습니다.

"야아, 정말 대단하구나!"

선은 온갖 물건들이 산더미처럼 쌓인 가게들을 둘러보며 연방 감탄했습니다. 도성 사람들뿐 아니라 멀리 청나라 사람들까지도 조선에 오기만 하면 이곳에 들러 물건을 사 갈 정도로 큰 시장이라던 이야기는 정말이었습니다.

"달쇠야, 댕기를 파는 곳으로 가자. 내가 그 가게에서 제일 비싼 댕기를 사 주마."

"아니옵니다. 저도 도, 돈이 있사옵니다."

달쇠는 황송해서 어쩔 줄 몰랐습니다.

그러나 결국 선은 댕기를 파는 가게로 들어갔습니다. 그곳에는 빨강, 파랑, 연두 등 온갖 화려한 댕기들이 잔뜩 진열되어 있었습니다. 선은 그중에서 반짝반짝 금박을 물린 빨간 댕기 하나를 샀습니다.

'대궐에서 나올 때 은전 다섯 닢을 챙겨 오길 잘했군.'

선은 달쇠의 누이동생에게 줄 댕기 살 돈은 물론 달쇠 부모에게 줄 용돈까지 복주머니에 두둑이 넣고 나온 것입니다.

"아이고, 도련님. 이리 큰돈을 내시면 어쩝니까? 잠깐 기다리십시오."

선이 은전 한 닢을 내밀자 댕기 가게 주인은 엄살을 떨며 안으로 들어가 잔돈을 내왔습니다. 잔돈을 넣자 복주머니에서는 짤랑짤랑 더욱 요란한 소리가 들렸습니다.

"자, 이젠 예쁜 꽃신도 한 켤레 사자. 그것도 네 동생에게 주는 내 선물이란다."

"어이쿠, 그, 그건 정말 안 되옵니다. 어서 궁으로 돌아가셔요, 네?"

점점 일이 커지자 달쇠는 난감해서 어쩔 줄 몰랐습니다. 하지만 선은 이미 신발 가게를 찾아 성큼성큼 앞장을 섰습니다. 달쇠와 도치는 그저 선의 뒤를 따라가기에 바빴습니다.

그때였습니다. 앞쪽에서 덩치 큰 남자아이 둘이 건들

건들 다가오는 것이 보였습니다. 그러더니 갑자기 그중 한 아이가 다가와 은근슬쩍 선의 어깨를 툭 쳤습니다.

"앗, 도련님, 미안합니다!"

아이는 허리를 굽실거리며 어쩔 줄 몰랐습니다. 그때였습니다. 그 틈을 타 뒤따라오던 아이가 눈 깜짝할 사이에 선이 차고 있던 복주머니를 휙 낚아채 달아났습니다.

"앗, 저, 저놈 잡아라. 어서!"

느닷없이 복주머니를 빼앗긴 선이 마구 소리를 질렀습니다.

"게 섰거라, 거기 서. 어서!"

뒤따라오던 달쇠와 도치가 후닥닥 그 아이들을 쫓아 달려갔습니다. 하지만 그곳 지리에 익숙한 아이들은 사람들이 북적이는 육의전을 미꾸라지처럼 요리조리 잘도 빠져나갔습니다.

마침내 아이들은 큰길을 벗어나고 초가집들이 다닥다닥 어깨를 맞대고 있는 작은 고샅길도 지나서 어느 틈에 청계천 쪽으로 달아나고 있었습니다. 하지만 세자익위사에서 날마다 무예를 갈고 닦은 도치를 당해 낼 수는 없었습니다.

"에잇, 요 녀석!"

도치는 몸을 날려 아이들 중 한 명을 덮쳤습니다. 이제 남은 한 녀석을 잡는 것은 시간 문제였습니다.

"네 이 녀석, 이분이 뉘신 줄 알고 감히!"

달쇠가 당장이라도 때릴 듯 윽박질렀습니다.

"도치야, 가만. 달쇠, 너도. 어서 그 아이를 이리로 데려오너라."

선은 차분하게 일렀습니다. 그러고는 아이를 보며 엄한 목소리로 물었습니다.

"너는 왜 남의 물건을 도적질하는 것이냐? 그게 나쁜 일이라는 건 잘 알 터인데."

"흥, 도적질이라도 해야 먹고살 수 있으니까요. 도련님 같은 양반들은 일 안 해도 잘 먹고 잘살지만, 우리 아버지 어머니는 허리 한번 못 펴고 남의 집 품팔이나 허드렛일을 해도 입에 풀칠하기 어려우니 내가 도적질이라도 해야 한다고요."

아이는 붙잡힌 게 억울하다는 듯 악다구니를 썼습니다.

그때 저쪽에서 나머지 한 아이가 쭈뼛쭈뼛 제 발로 다가오더니 손에 든 복주머니를 내밀며 울먹였습니다.
 "이, 이걸 도로 드릴 테니 어서 내 동무를 놔, 놔주세요. 배가 고파서 떡이라도 사 먹으려고 훔친 거예요. 그러니 제발, 한 번만, 한 번만 좀 봐주세요. 관아에 끌려가면 엉덩짝이 남아나지 않을 거예요. 어쩌면 우리 어머니 아버지까지 불려 가 곤장을 맞을지 몰라요. 으흐흑!"

그 아이는 마침내 울음을 터뜨렸습니다.

"치, 제발, 우릴 살려 주세요!"

그제야 먼저 붙잡힌 아이도 닭똥 같은 눈물을 뚝뚝 흘리며 빌었습니다. 그 모습을 보자 선은 마음이 울컥했습니다. 하지만 시치미를 뚝 떼고 물었습니다.

"너는 모르는 척 도망갔으면 잡히지 않았을 텐데, 왜 제 발로 이리로 온 것이냐?"

"우리가 함께 저지른 일인데 저 동무만 잡히는 건 불공평하잖아요. 벌을 받아도 같이 받아야 마땅하지요. 으흐흐흑……."

아이는 여전히 서럽게 울며 말했습니다. 한참 무언가를 생각하던 선이 말했습니다.

"도치야, 저 아이들을 데리고 저리로 가자."

"어, 어디로 말씀이온지요?"

"남의 물건을 도적질한 놈들이니 당장 관아에 넘겨야 하지 않겠느냐. 내 앞장을 설 테니 너희 둘이 저 녀석들을 데리고 오너라."

"아이고, 도, 도련님. 살려 주세요, 제발, 제발!"

아이들은 더욱 더 큰 소리로 울며 매달렸습니다. 선은

아무 말도 하지 않고 뚜벅뚜벅 앞장서서 걸었습니다. 하지만 선이 가는 곳은 관아가 있는 광화문 쪽이 아니라 청계천 옆에 있는 허름한 주막이었습니다.

"앗, 여, 여긴?"

"배가 고파서 내 돈을 훔쳤다고 하지 않았느냐. 우선은 배불리 먹여야 관아에 넘기든 형조에 넘기든 할 게 아니냐. 뭘 그렇게 꾸물거리고 있느냐, 어서 데리고 오지 않고!"

"아, 네, 네!"

그제야 선의 속마음을 눈치 챈 달쇠와 도치가 아이들을 주막 안으로 데리고 들어섰습니다. 선은 아이들에게 김이 모락모락 나는 국밥 한 그릇씩을 사 주었습니다.

"배가 고프다고 했지? 너희들 배가 부를 때까지 먹도록 하렴. 돈은 내가 다 낼 테니."

"그, 그게 정말입니까……?"

슬금슬금 눈치를 보던 아이들은 언제 울었냐는 듯 마파람에 게 눈 감추듯 허겁지겁 국밥을 입안에 퍼 넣었습니다. 그 모습을 바라보던 선도 저절로 침이 꿀꺽 넘어갔습니다.

"달쇠야, 도치야, 우리도 한 그릇씩 먹자. 아주머니, 여기도 한 그릇씩 주시오."

선은 빙긋 웃으며 국밥을 시켰습니다. 아이들과 어울려 코를 박고 먹는 국밥은 둘이 먹다 하나 죽어도 모를 만큼 맛이 있었습니다.

"너희들 덕분에 이 맛난 음식을 먹었구나."

배불리 음식을 먹고 난 선은 아이들을 보며 웃었습니

다. 그러고는 다시 아이들을 보며 안타깝게 말했습니다.

"아무리 힘들어도 도적질이나 남을 해치는 짓을 해서는 안 된다. 무언가 기술을 배우든지, 장사를 하든지, 아니면 무예를 익혀 무관이 되거나 글공부를 하여 나라의 녹을 먹을 생각을 하렴."

그러자 한 아이가 눈물을 글썽이며 대답했습니다.

"도련님은 정말 우물 안 개구리이시군요. 저희 같은 상민이 어떻게 벼슬에 올라 나라의 녹을 먹겠어요? 아무리 글공부를 잘해도 그건 안 되는 일이라는 걸 모르세요? 게다가 장사를 하려 해도 밑천이 있어야지요."

"그, 그렇다고 도적질을 해도 되는 건 아니지 않느냐? 아무리 힘들어도 꿈을 잃지 말거라. 혹시 아느냐? 언젠가 새로운 길이 열리게 될는지. 그래, 너희들 이름이 무엇이냐?"

선은 안타까운 마음으로 물었습니다.

"저는 동이, 저 친구는 봉구입니다. 그런데 도련님은 어느 댁 도령이어요?"

동이라는 아이가 궁금하다는 듯 물었습니다.

"나, 나는 그냥 이름 없는 양반집 아들이다. 오늘 너희들을 만나서 반가웠다. 참, 이 복주머니에 든 돈은 이제 너희들 것이다. 앞으로는 도적질을 하지 말고 이 돈으로 밑천을 삼아 먹고살 길을 찾아보기 바란다."

 선은 달쇠의 부모에게 주려던 돈을 몽땅 아이들에게 주었습니다.

 "그, 그게 정말입니까? 어이쿠, 도련님! 정말 고, 고맙습니다!"

 "이 은혜 평생 잊지 않을게요!"

 관아에 끌려가 볼기짝을 맞을 줄 알았던 아이들은 뜻밖의 횡재에 눈물 콧물을 흘리며 좋아서 어쩔 줄 몰랐습니다.

 "하하, 그럼 우리 언젠가 다시 만나자꾸나."

 선은 아이들과 인사를 나누고 헤어졌습니다. 그러고는 달쇠를 앞장세워 달쇠네 집을 찾아갔습니다.

 "우아, 이게 정말 내 거란 말이지? 정말 예쁘다!"

 금박 물린 빨간 댕기를 보자 달쇠의 여동생 오월이는 입이 함박만큼 벌어졌습니다. 그러다가 선이 세자인 줄은 까맣게 모른 채, 달쇠가 웬 양반 도령을 데리고 왔나 하고 생각하며 고개를 갸우뚱하고 바라보았습니다.

"오라버니, 이 도련님은 누구야?"

"응, 내가 아는 대감 어른 자제 분이셔. 이 댕기를 이 도련님께서 사 주셨단다."

달쇠는 얼른 둘러댔습니다.

"어머, 도련님, 고맙습니다. 정말 고맙습니다!"

오월이는 볼우물을 지으며 웃었습니다. 생글생글 웃는 얼굴이며 말하는 모습이 여간 귀여운 아이가 아니었습니다.

선은 천천히 달쇠네 집 안을 둘러보았습니다. 세간이라고 해 봐야 겨우 이부자리와 그릇 몇 개, 벽에 걸린 옷 몇 벌이 전부인, 초라하기 짝이 없는 살림이었습니다. 어쩌면 조금 전에 헤어진 아이들의 살림살이도 이보다 나을 것이 없을 거라고 생각하니 더욱 더 마음이 아팠습니다.

'그래, 모든 백성들이 잘살게 되는 길, 어떻게든 그 길을 찾아야 한다. 그게 임금이 해야 할 일이야.'

선은 속으로 굳게 다짐했습니다.

상궁의 비밀 편지

가을은 점점 깊어만 갔습니다. 어느 날 글공부를 마친 선은 나무마다 곱게 물든 단풍을 바라보다가 문득 쓸쓸한 생각이 들었습니다.
'화평 누이한테 갔으면!'
그럴 때마다 선은 자기보다 여덟 살 위인 화평 옹주를 떠올렸습니다. 임금의 사랑을 독차지했던 화평 옹주는 열두 살 되던 해 금성위 박명원에게 시집을 간 후에도 궁궐에서 살고 있었습니다. 하지만 아무리 보고 싶어도 불쑥불쑥 누이를 찾아갈 수는 없었습니다.
'무슨 좋은 수가 없을까?'

선은 골똘히 궁리를 하였습니다.

그때였습니다. 최 상궁이 환하게 웃으며 다가와 말했습니다.

"세자마마, 방금 화평 옹주마마님이 전갈을 보내 왔습니다. 연경당으로 오셔서 함께 다과를 드시자고요."

"그게 정말이야?"

선은 마치 자기 마음을 꿰뚫어 보듯 전갈을 보낸 화평 옹주가 신기하기만 했습니다. 선은 서둘러 화평 옹주가 사는 연경당 쪽으로 걸음을 옮겼습니다.

"저하, 그렇게 좋으십니까?"

달쇠가 종종걸음으로 뒤따라오며 물었습니다.

"그럼, 좋고말고!"

선은 입이 벌쭉 벌어져서는 대답했습니다.

마침내 연경당으로 나아가자 화평 옹주가 달려 나와 반갑게 선을 맞아 주었습니다.

"세자마마, 어서 오시어요. 지난번보다 얼굴이 한결 훤해지셨습니다. 키도 한 뼘이나 자라고 말이어요. 아무쪼록 어서 헌헌장부가 되셔야지요."

"화평 누이, 누이가 혼인을 하고도 궐 밖으로 나가 살지 않아서 얼마나 다행인지 몰라요. 나는 이 세상에서 누이가 제일 좋아요."

"호호호, 세자마마, 그 말씀 진심이지요? 머잖아 세자마마가 혼인을 하면 이 누이보다 세자빈을 더 좋아할 텐데요?"

"아, 아니어요. 그래도 난 누이가 제일 좋아요."

혼인이라는 말에 얼굴이 빨개진 선은 손사래를 치며 웃었습니다.

그때 나인들이 다과상을 들여오는 것이 보였습니다.

"우아, 단감이잖아!"

선은 크고 먹음직스럽게 생긴 단감을 보며 소리쳤습니다.

"호호, 궐 밖에 나갔던 나인 하나가 사가에서 가져온 것입니다. 어찌나 달고 아삭한지 저 혼자 먹기 아까워서 세자마마를 부른 것이지요. 어서, 어서 드시어요."

화평 옹주는 크고 잘 익어 먹음직스러운 단감을 선에게 내밀었습니다.

선은 기뻐하며 얼른 단감을 베어 물었습니다. 달착지근하고 부드러운 속살이 입안에서 살강살강 씹히는 게 아주 맛났습니다.

  달콤한 단감과 다식을 먹고 따뜻한 차를 마시니 선의 마음은 그 어느 때보다 따뜻해졌습니다. 꽃과 새가 수놓인 화려한 병풍과 단아한 장롱 그리고 반닫이로 치장한 방처럼 늘 곱고 고운 화평 옹주의 모습도 보기 좋았습

니다.

사실 선에게는 손위 누이들이 많았습니다. 하지만 모두 일찍 세상을 떠나고 남은 건 배다른 누이인 화순 옹주를 비롯하여 어머니 영빈 이씨가 낳은 화평 옹주와 화협 옹주뿐이었습니다. 그 아래로는 선보다 세 살 아래인 화완 옹주도 있고요. 하지만 선이 제일 좋아하는 누이는 바로 화평 누이였습니다.

"세자마마가 단감을 좋아하시니 이걸 좀 동궁전으로 가져가도록 해라."

세자가 연경당을 나설 때 화평 옹주는 시녀 한 명에게 단감을 내밀었습니다.

저승전으로 돌아온 선은 기쁜 얼굴로 한 상궁에게 말했습니다.

"누이가 단감을 줘서 가져왔어. 얼마나 달착지근하고 맛있는지 몰라. 자, 한 상궁도 어서 먹어 봐."

선은 자랑스레 단감을 내밀었습니다. 그때였습니다. 갑자기 한 상궁은 얼굴이 흙빛으로 변한 채 손을 내저으며 고개를 절레절레 흔들었습니다.

"가, 감이라고요? 싫사옵니다. 쇤네는 사는 동인 절대로 감을 입에 대지 않을 것이옵니다!"

"아니 왜? 이렇게 맛있는 걸 왜 마다하는 거지?"

"그, 그건……. 쇤네 입으로 차마 마, 말씀을 드릴 수 없사옵니다."

한 상궁은 죽을상을 하고는 몸을 사렸습니다. 선은 더욱 더 궁금해졌습니다.

"아니, 이깟 감이 뭐라고 그래? 혹시 언젠가 감을 먹고 체한 적이라도 있단 말이야?"

"오, 저하, 쇤네를 죽여 주시옵소서. 그건 차마, 차마 말씀을 드릴 수가 없사옵니다."

한 상궁은 아예 울 듯한 얼굴이었습니다. 그때 옆방에 있던 최 상궁이 다가와 무언가를 결심한 듯 말했습니다.

"이보게 한 상궁, 무얼 그리 감추려 하는가? 이제 세자마마께옵서도 진실을 아셔야 하네. 이제 그때가 온 게야. 우리가 세자마마를 모시러 저승전으로 온 것도 다 그 이유 때문이 아니었던가?"

"대체 무슨 소리를 하는 거야? 나도 좀 알아듣도록 쉽게 말해 봐, 어서!"

궁금한 것은 절대로 참지 못하는 선이 화가 나서 다그

쳤습니다.

그러자 최 상궁은 이때까지와는 완전히 다른 표정으로 나지막이 말했습니다.

"세자마마, 이곳 저승전이 어떤 전각인지 아시옵니까? 이곳은 바로 급작스레 세상을 떠나신 경종 임금의 왕비인 선의 왕후가 대비가 된 후 홀로 쓸쓸하게 사시던 집이랍니다. 그뿐인 줄 아시옵니까? 세자마마가 드실 음식을 만드는 소주방으로 쓰고 있는 저 취선당은 경종 임금의 어머니인 희빈마마께서 인현 왕후를 저주했다는 이유로 사약을 받고 돌아가신 곳이고요. 말하자면 시어머니 장희빈마마와 며느리인 선의 왕후, 두 분 마마의 넋이 머물러 있는 곳이지요. 저희들은 모두 선의 왕후마마를 모시던 상궁들이었고요."

"뭐라고, 그게 정말이야?"

선은 소스라쳐 놀라 물었습니다.

"그런데 그게 단감이랑 무슨 상관이 있다는 거지?"

선은 다시 다그쳐 물었습니다.

"저하, 그, 그건, 선대 임금이신 경종 임금께서 병환에 계실 때, 누군가 올린 생감과 게장을 드시고 그만 숨을 거두셨기 때문이옵니다. 생감과 게장은 원래 상극이라는 걸 누구나 아는 사실이온데 그걸 드시고 그, 그만……, 으흐흑…….”

 최 상궁은 엎드려 슬피 울기 시작했습니다. 마치 그동안 마음속으로 꾹꾹 참고 있던 비밀을 토해 낸 듯 좀처럼 울음을 그치지 않았습니다.

 “그렇다면 그 생감과 게장을 올린 사람이 누구란 말이냐?”

 어느새 선의 얼굴에서 장난스러운 표정이 싹 사라지고 말았습니다.

 “그, 그건 쇤네도 말할 수 없습니다.”

 “오, 저하, 저희들을 그저 주, 죽여 주옵소서……
으흐흐흑…….”

최 상궁도 한 상궁도 모두 엎드려 울음을 쏟아 냈습니다.

선은 마치 엉킨 실뭉치를 앞에 둔 것처럼 머리가 어지러웠습니다.

'누가 큰아바마마께 생감과 게장을 올린 것일까? 한 상궁과 최 상궁이 저렇게 말을 못 하고 벌벌 떠는 걸 보면 누군지 알고 있는 게 틀림없어. 큰아바마마를 죽게 한 후 그 이득을 얻은 사람들이겠지? 그, 그게 누구일까?'

선은 갑자기 낭떠러지 앞에 선 듯 두려웠습니다. 갑자기 저승전의 벽이며 지붕, 문, 책가도 병풍, 서가들도 다 무섭게만 느껴졌습니다.

'이 집 어딘가에 죽은 장희빈마마와 큰어마마마의 한과 슬픔, 저주가

어려 있겠구나! 그래서 내가 밤마다 악몽을 꾸는 걸까? 이 집을 떠도는 귀신들이 나를 해코지하려고 밤마다 찾아오는 걸까?'

선은 갑자기 몸이 부르르 떨렸습니다. 단감을 그토록 맛있게 먹었지만 갑자기 비위가 상해 토악질이 나올 것만 같았습니다.

"저 단감, 꼴도 보기 싫어, 어서 갖다 버리도록 해!"

선은 자기도 모르게 꽥 소리를 질렀습니다.

그로부터 얼마 후였습니다. 선은 임금에게 아침 문안 인사를 드리러 갔습니다. 그 자리에는 어머니 선희궁도 나와 있었습니다. 사람들은 어머니를 영빈 이씨, 또는 어머니가 사는 선희궁을 본 따 선희궁마마, 선희궁으로 부르곤 했습니다.

임금은 선을 보자마자 얼굴 가득 웃음을 띤 채 말했습니다.

"허허, 어느 틈에 우리 세자가 이렇게 컸는고! 그래 너를 가르치는 사부들 이야기를 들으니 날마다 글을 읽고 쓰는 실력이 늘고 있다고? 참으로 장하다."

"아직 부족하옵니다. 아바마마처럼 성군이 되려면 아

직 멀었사옵나이다."

선은 부끄러워하며 아뢰었습니다.

"성군이라. 그래, 네가 생각하는 성군은 어떤 모습인지 말해 보아라."

"그, 그건 햇살이 온 세상을 고루고루 비추듯 온 백성이 두루두루 편안하게 잘 살게 하는 것이옵니다."

선은 궐 밖에서 만난 아이들을 떠올리며 말했습니다.

"그래, 그래, 그것참 좋은 말이로다. 나는 네가 어릴 때부터 지혜가 뛰어나고 총명하다는 것을 알고 있느니라. 장차 너는 선대 임금이신 효종, 숙종, 그리고 내 뒤를 이어 이 나라의 성군이 되어야 하느니라. 그러기 위해서는 글공부는 물론이요 나라와 백성들을 위한 마음가짐에 더욱 힘써야 하느니라."

임금은 흡족해하며 칭찬을 해 주었습니다.

"네, 아바마마!"

선은 공손히 머리를 조아렸습니다. 하지만 선은 언제부터인가 임금 앞에 나오면 가슴이 두근두근 떨렸습니다. 그건 선이 다섯 살에 이어 여섯 살 때 겪은 선위 파동 때문이었습니다. 나라에 복잡하고 속상한 일이 벌이

지자 임금이 갑작스레 어린 선에게 임금 자리를 넘긴다는 교지를 발표했던 것입니다.

"아바마마, 제발 그 뜻을 거둬 주소서!"

선은 비가 억수같이 쏟아지는데 임금이 계신 전각 앞에 거적을 깔고 꿇어 엎드려 석고대죄를 했습니다.

'아바마마는 왜 어린 나에게 이런 시련을 주시는 것일까? 정말 이제 겨우 여섯 살인 내게 임금 자리를 내주려는 걸까? 난 아직 아무 힘이 없는데. 아직 배워야 할 게 너무 많은데.'

선은 두려움에 떨며 속으로 중얼거렸습니다. 다행히 궁궐의 어른이신 대비마마와 신하들이 눈물로 호소를 하여 일이 무사히 끝났지만, 선은 그 이후 어쩐지 임금이 두렵기만 했습니다.

"호호, 전하. 이제 곧 세자도 한 여자의 지아비가 될 터인데 암, 그래야지요. 세자, 지금 온 나라에 간택령이 내려진 것을 아시는지요?"

"그, 그건 소자도……."

선은 얼굴이 빨개진 채 차마 말끝을 잇지 못했습니다. 얼마 전부터 조정에서 간택령을 내리고 세자빈을 뽑는

절차를 진행하고 있다는 소식을 들어서 알고 있었기 때문입니다.

"하하하, 세자빈을 맞이하는 것은 부끄러운 일이 아니니라. 나라의 기틀을 바로 세우려면 무엇보다 왕실이 번성해야 하느니라."

임금은 큰 소리로 웃었습니다.

그 후 모든 일은 순조롭게 이루어졌습니다. 열 살인 선은 마침내 홍봉한의 딸을 세자빈으로 맞아들여 가례를 올렸습니다. 세자빈은 선과 동갑내기로, 아주 야무지고 영리한 여자아이였습니다. 선은 세자빈과 가례를 올렸지만 여전히 밤이면 가위에 눌려 헛소리를 하기 일쑤였습니다. 그래서인지 입맛도 떨어지고 기운도 없었습니다.

"세자마마, 어서 드시지요."

상궁들이 맛있는 음식을 장만하여 가져왔지만 선은 먹을 수가 없었습니다.

선이 시름시름 앓기 시작하자 온 궁궐이 발칵 뒤집혔습니다.

"당장 어의를 불러 세자의 병을 낫게 하라!"

　임금은 어렵사리 얻은 아들이 행여 잘못될까 염려하여 다급하게 명령을 내렸습니다. 하지만 아무리 약을 써도 선의 병은 점점 심해져 갔습니다. 그러자 마침내 무당을 불러다 굿을 하기에 이르렀습니다.

　무당은 조심스레 입을 열었습니다.

　"지금 이곳은 세자마마와 맞지 않사옵니다. 이 집에 나쁜 기운이 있어서 세자마마가 아프신 것이옵니다."

　"뭐라고? 그게 정말이더냐?"

임금은 깜짝 놀라 물었습니다. 뒤늦게 저승전과 취선당이 선의 왕후와 장희빈이 머물던 전각이라는 사실을 알게 되고 등골이 오싹해진 것입니다.

그때 화평 옹주가 나서서 임금에게 간곡하게 말했습니다.

"아바마마, 저승전에 있는 세자의 보모상궁들 또한 경종과 선의 왕후를 받들던 나인들이옵니다. 그러하오니 장차 이 나라의 종사를 생각하셔서라도 세자를 다른 곳으로 옮기는 게 어떠실지요. 게다가 요즘 세자마마가 글공부뿐 아니라 무예에 빠져 있다고 하옵니다. 그 모두가 어릴 때부터 나무로 깎은 칼이나 창을 만들어 주며 군기 놀이에 재미를 붙이도록 한 저승전 보모상궁들 꼬드김 때문이라고 하옵니다."

"오, 저, 저런! 내 생각이 짧았도다. 당장 세자를 다른 곳으로 옮기도록 하라!"

임금은 깜짝 놀라 명령을 내렸습니다. 그러고는 선을 돌보던 보모상궁들을 당장 궐 밖으로 내쳤습니다.

"세자마마, 부디 이 나라 성군이 되소서!"

"저하, 부디 저희를 잊지 마소서!"

한 상궁, 최 상궁은 울며 궁궐을 떠나갔습니다.
"아, 나 때문에 모두들 쫓겨 갔구나!"
선은 아기 때부터 자신을 돌봐 준 보모상궁들이 떠나가자 가슴이 미어질 듯 아팠습니다.
그들이 떠난 방에는 아직도 그들의 소지품이며 살림들이 놓여 있었습니다. 한숨을 쉬며 방 안을 둘러보던 선은 문갑 위에 곱게 접어 놓은 편지 한 장을 보았습니다.
"이게 뭐지?"
무심코 편지를 집어 든 선은 깜짝 놀랐습니다.

편지에는 암호처럼 'ㅇ ㅇ ㄱ' 세 글자가 적혀 있었습니다.

"이응(ㅇ), 이응(ㅇ), 기역(ㄱ)이라? 대체 이게 무슨 뜻이지? 이건 지난번 내가 큰아바마마를 돌아가시게 한 사람이 누구인지 물어본 것에 대해 최 상궁이 남긴 답이 틀림없다. 내게 무언가 암시를 남겨 준 것이야!"

선은 소스라쳐 놀라 얼른 편지를 소맷부리 안에 집어넣었습니다.

밝혀지는 비밀

그 후 선은 저승전을 나와 융경헌을 거쳐 다시 경춘전으로 옮겨 갔습니다. 그곳은 어머니가 계신 집복헌뿐 아니라 화평 옹주가 있는 연경당과도 가까워 그나마 선에게 위안이 되었습니다. 가끔 경춘전에서 어머니와 화평 옹주, 화협 옹주, 화완 옹주를 비롯하여 세자빈까지 모여 앉아 이야기를 나누다 보면 울적했던 마음이 조금은 가라앉곤 했습니다.

그러던 어느 날 화평 옹주가 선을 보며 말했습니다.

"세자마마, 신하들이 세자마마가 문과 무, 모두 출중했던 선대 임금인 효종을 닮았다고 하더군요. 생김생김이며 성품까지 말이어요."

"화평 언니, 나도 그 말을 들었어요. 어연번듯한 모습이며 무예를 좋아하는 모습까지 똑같으시다고요."

화협 옹주도 나서서 거들었습니다.

"누이들, 효종 임금께서는 청나라에 끌려갔다 오신 후 임금 자리에 오르자 북벌론을 주장하셨다면서요? 저도 책만 파고드는 것이 아니라, 앞장서서 이 나라를 지킬 수 있는 무예도 함께 익히고 싶답니다."

선은 자신의 몸속에 효종 임금의 뜨거운 피가 흐르고 있다는 것이 어쩐지 자랑스러웠습니다.

그때 어머니 선희궁이 낯빛을 흐리며 조심스레 말했습니다.

"세자, 하지만 글공부를 소홀히해서는 안 될 것이에요. 전하께서는 무엇보다 세자가 책을 통해 견문을 넓히고 장차 성군이 될 자질을 갈고 닦기를 바라신답니다. 그렇지 않아도 얼마 전 전하께서 제게 넌지시 '세자가 요즘도 말 타고 활 쏘고 칼 쓰는 일에 열중이오?' 하고 하문하셨어요. 전하의 눈 밖에 나지 않도록 조심하시는 게 좋을 것이에요."

"명심하겠나이다."

선은 공손하게 대답했습니다. 하지만 마음 한구석에서는 알 수 없는 궁금증이 고개를 쳐들었습니다.

'무예를 익히는 것이 뭐가 나쁘단 말이지? 태조 임금께서도 고려 말 홍건적과 왜구를 물리치는 데 앞장설 만큼 무예가 뛰어난 장수가 아니었던가. 나라를 지키는 일이야말로 백성의 의무이자 임금의 첫 번째 할 일이 아닌가. 지난 병자년에 임금이 청나라 오랑캐에게 세 번 절하고 아홉 번 머리를 조아릴 만큼 치욕적인 일을 당한 것도 다 나라의 힘이 약해서가 아닌가?'

선은 검은 구름이 드리운 듯 마음이 답답해졌습니다.

그러던 어느 날 선은 임금 앞에 나아갔습니다. 가끔 임금은 선이 공부를 잘하고 있는지 시험을 해 보곤 했습니다. 임금은 선에게 중국 한나라 역사에 관한 이야기를 하다가 느닷없이 물었습니다.

"그런데 선아, 너는 한 무제와 한 고조 중에서 어느 임금이 더 낫다고 여기느냐?"

"네, 한 고조이옵니다."

선은 차분하게 대답했습니다.

"그럼 한 무제와 문제 중에서 누가 더 뛰어나다고 생각하느냐?"

"그건 문제(文帝)이옵니다."

선은 이번에도 다른 때와 같이 침착하게 대답했습니다.

"뭐라? 이는 나를 속이는 대답이다! 네 기질로 보아 너는 분명 무제(武帝)를 좋아할 것이다. 그런데 어찌하여 내게 문제가 더 낫다고 거짓으로 대답하느냐?"

갑자기 임금은 용안이 붉으락푸르락해지더니 버럭 소리를 질렀습니다. 평소에 무예를 좋아하던 선이 학문과 서책을 가까이한 문제보다는 당연히 무제를 더 좋아할 것이라고 지레짐작한 것입니다.

"아바마마, 소자가 어찌 아바마마께 거짓을 아뢰오리까? 소자는 문제가 무제보다 더 훌륭한 정치를 했다는 것을 알기에 그리 아뢴 것이옵니다."

선은 다급하게 변명을 하였습니다. 임금의 불호령에 소스라치게 놀랐기 때문입니다.

"어허, 그래도 네 참마음을 숨기려 하느냐? 지난번에 네가 지은 시 중에서 '호랑이가 깊은 산에서 울부짖으니

큰바람이 분다.'라는 구절을 보고 네 기운이 무척 강하다는 것을 내 이미 알고 있었느니라."

임금은 화를 버럭 내며 꾸지람을 내렸습니다. 그러다가 선을 보며 다시 힘주어 일렀습니다.

"이 아비가 이 자리까지 올라오기 위해 얼마나 많은 수모와 고통을 당했는지 아느냐? 나는 그것을 지키기 위해 그 누구보다 더 학문과 지혜를 갈고 닦았느니라. 그런데 너는 어찌하여 학문보다 무예를 더 좋아하느냐? 이 나라와 백성을 위하고 용상을 굳건히 지키기 위해서는 네 스스로 신하들보다 지혜가 뛰어나고, 더 영리해야 하느니라. 그래야 먹히지 않고 밟히지 않는다! 이제 겨우 나라의 안정을 되찾았는데 세자 너로 하여금 그것이 다시 흔들릴까 걱정이로다!"

"아바마마, 소자 명심하겠나이다!"

선은 눈물을 흘리며 대답했습니다.

하지만 동궁전으로 돌아온 선은 여간 서운한 게 아니었습니다. 언제부터인가 임금은 선을 대할 때면 너무 엄격하고 무섭게 다그쳤습니다.

'아, 아바마마는 어찌하여 내 말을 곧이듣지 않으시는

것일까? 내가 무예를 좋아하는 건 사실이지만 그렇다고 책 읽기를 게을리 하는 것도 아니건만.'

선은 하염없이 한숨만 내쉬었습니다.

"저하, 다 장차 저하께서 이 나라 성군이 되길 바라는 마음으로 그리하신 것이니 마음에 담아 두지 마소서."

세자빈이 어느 틈에 옆으로 다가와 위로를 해 주었습니다.

"빈궁, 어찌하여 아바마마만 보면 가슴이 두근거리는 걸까요? 탕평책을 써서 신하들을 골고루 등용하고, 억울한 일을 당한 백성들이 직접 자기 일을 알리도록 신문고를 다시 만들고, 균역법을 만들어 세금을 적절하게 거둬들이도록 하는 등 훌륭한 정치를 펴시는 아바마마를 존경하며 장차 그런 군주가 되길 바라건만, 어찌하여 아바마마는 내 참뜻을 몰라주시는 걸까요. 아아, 참으로 답답하오!"

울컥 뜨거운 눈물이 선의 뺨을 타고 흘러내렸습니다.

"저하, 저하께서 이해하셔야 하옵니다. 전하는 왕자인 연잉군 시절 어마마마인 숙빈 최씨와 함께 구중궁궐에서 외롭게 자라시고, 배다른 형님이신 경종의 뒤를 이어 보위에 오르시기까지 숱한 위기를 겪으셨다 들었사옵니다. 그러니 저하께서 모든 것을 다 갖춘 당당한 임금이 되기를 바라는 마음에 그리 역정을 내시는 것이옵니다."
　세자빈은 나긋나긋 선을 위로해 주었습니다.
　'그래, 세자빈 말이 맞다. 모든 게 다 내가 훌륭한 임금이 되길 바라는 마음으로 그러시는 게야.'
　선은 그제야 조금 마음이 풀렸습니다.
　"빈궁, 보모상궁들이 떠난 후 내가 의지할 곳이 없었는데, 빈궁께서 나를 이리 위로해 주니 참으로 든든하오. 내 좀 더 아바마마의 마음에 들도록 분발하겠소."
　선은 빙긋 웃으며 다짐을 하였습니다.
　그러고는 처소로 돌아와 마음을 가다듬고 책을 읽을 때였습니다. 선의 머릿속에 갑자기 방금 전 세자빈의 말이 떠올랐습니다.
　"……전하는 연잉군 시절 어마마마인 숙빈 최씨와 함께 구중궁궐에서 외롭게 자라시고, 배다른 형님이신 경종의 뒤를 이어 보위에 오르시기까지……."
　그 순간 선은 머리를 한 대 얻어맞은 듯 무언가 퍼뜩 떠올랐습니다.

'연잉군, 연잉군, 연잉군이라! 큰아바마마의 뒤를 이어 보위에 오르신 연잉군이라면……?'

선은 서안 깊숙이 숨겨 두었던 한 상궁의 비밀 편지를 다급하게 꺼내 보았습니다.

'이응, 이응, 기역. 이건 분명 보위에 오르시기 전 아바마마를 뜻하는 말이 아닌가! 그렇다면 병석에 누우신 큰아바마마에게 생감과 게장을 올린 게 아바마마란 말인가?'

선은 갑자기 천장과 방바닥이 빙글빙글 도는 듯 어지러웠습니다.

'아니다, 아니야! 뭔가 잘못된 거야. 만약 그게 사실이라면 아바마마 혼자 그런 일을 하실 순 없었을 것이다. 분명히 뒤에서 아바마마를 부추긴 사람들이 있을 것이다. 그렇다면 그들이 지금 이 나라를 쥐고 흔드는 노론들이란 말인가? 소론 편이었던 장희빈마마와 큰아바마마와 큰어마마마의 세력을 몰아내고 아바마마를 보위에 올린 사람들이?'

선은 자신이 믿고 존경하는 아버지가 배다른 형을 죽이고 왕위에 올랐을지도 모른다는 사실이 믿어지지 않았습니다.

'그럴 리 없어, 그럴 리가 없다고!'

선은 마구 고개를 흔들었습니다. 하지만 그러면 그럴수록 자꾸만 눈앞에는 편지에 쓰인 암호가 어른어른거렸습니다.

한 상궁과 최 상궁의 웃음소리도 들리는 듯했습니다.

선은 가슴에 불이 난 듯 활랑거려서 견딜 수가 없었습니다. 이럴 때는 한바탕 너른 궁궐 숲에서 말이라도 타야 할 것만 같았습니다.

"달쇠야, 달쇠야. 당장 말을 끌고 오너라, 어서!"

선은 방문을 벌컥 열고 뛰어나가 소리쳤습니다.

"저하, 갑자기 말은 왜 타시려는······."

달려온 달쇠가 채 말을 끝내기도 전에 선은 휙 말 등에 올라타 채찍을 휘둘렀습니다. 뒤에서 달쇠가 저하, 저하 부르며 다급하게 달려오는 소리를 들으면서 말입니다.

그토록 오랫동안 궁금해하던 수수께끼의 답을 알아냈지만 선의 머릿속 실타래는 더욱 복잡하게 꼬여만 갔습니다.

아바마마 앞에만 서면 주눅이 들고 마음이 불편했지만, 그래도 아바마마와 같은 성군이 되겠다는 꿈을 계속 지켜 온 선이었습니다.
 '그럴 리 없다! 아바마마가 그럴 리 없다!'
 선은 속으로 외치며 마구 말을 달렸지만 속이 시원해지지 않았습니다. 구장복에 면류관을 쓰고 높고 높은 용상에 앉아 있는 임금, 그 임금이 자신의 형을 죽이고 왕위에 올랐다는 게 믿어지지 않았습니다.
 '아바마마, 아니지요? 이 모두가 누군가 꾸며 낸 이야기이지요? 소자, 아바마마의 참모습을 알고 싶사옵니다, 으흐흑!'
 선은 말 등에 엎드려 오래오래 울었습니다.

길도 없고 문도 없는

그날 이후 선은 문안을 여쭈러 갈 때면 자기도 모르게 임금의 눈을 피하는 버릇이 생겼습니다. 임금도 그런 선을 어쩐지 못마땅하게 바라보는 것 같았습니다.
그러던 어느 가을날이었습니다.
"불이야, 불이야!"
창덕궁에 불이 나 임금을 비롯한 왕실 가족들이 모두 경희궁으로 옮겨 가게 되었습니다. 선은 동궁전 안쪽에 있는 즙희당으로 옮겨 갔습니다.
'아, 아바마마가 계신 전각이 여기서 머니 참으로 다행이구나!'

선은 자기도 모르게 가슴을 쓸어내렸습니다. 가까이 있을 때는 마치 임금의 감시를 받는 기분이 들어서 늘 마음을 졸이며 살았던 탓입니다.

어느 날, 날이 어둑어둑해질 때였습니다. 저녁 글공부를 마친 선은 우두커니 하늘을 바라보았습니다. 유난히 큰 별 하나가 하늘에서 반짝이는 게 보였습니다.

"달쇠야, 저 별은 이름이 무엇일까? 천문에 관한 책을 읽어 보니 우주에는 수많은 별들이 있다더구나. 만약 내가 날아갈 수만 있다면 저 별나라로 훨훨 날아가고 싶구나. 그럼 아바마마도, 세자라는 이 무거운 자리도 다 벗어나 홀가분하게 살아갈 수 있을 텐데."

선은 별에서 눈을 떼지 않은 채 중얼거렸습니다.

그러다가 갑자기 옆에 있는 달쇠를 보며 낮게 속삭였습니다.

"달쇠야, 오늘 나와 함께 궐 밖으로 나가지 않겠느냐? 아바마마도 경희궁에 계시니 쥐도 새도 모르게 우리 둘이 나갔다 오자꾸나. 예전에 임금님들도 종종 백성들의 생활을 살피기 위해 미행을 나가셨다 들었다. 나도 책에서만 배우는 죽은 공부가 아닌 살아 있는 공부를 하고 싶구나."

"저하, 안 되옵니다. 그렇잖아도 저하께서 글공부를 게을리 한다고 걱정하시는 전하께서 이 일을 아셨다간 경을 칠 것이옵니다."

달쇠는 거의 죽을상을 지었습니다.

"세자익위사 관원들은 물론 춘방관들도 모르게 살짝 나갔다 오면 되지 않겠느냐. 자는 척 방에 불을 끄고 나가자꾸나."

아무도 선의 고집을 꺾을 수 없었습니다.

선은 달쇠를 졸라 지난번처럼 도치를 데리고 고양이가 담을 넘듯 몰래 궐 담을 넘었습니다.

도성의 밤은 어느 때보다 캄캄했습니다.

하지만 집집마다 창문 사이로 불빛이 새어나오고 어디선가 개가 짖고 아이가 우는 소리가 들려왔습니다. 궐 안에서는 왕실 가족 외에는 아이의 울음소리를 들을 수 없었던 탓에 선은 모든 게 신기하기만 했습니다.

"어디 좀 더 가까이 가 보자."

선은 낮은 담을 끼고 있는 집을 들여다보았습니다. 도란도란 이야기하는 소리도 들리고, 가끔 담상을 타고 오음소리도 들려왔습니다.

"저 집에는 어머니 아버지와 누이나 형, 동생들이 함께 오순도순 살고 있겠지? 비록 보리밥에 나물, 김치뿐인 밥상이지만 맛나게 먹으며 하루하루 살아가겠지? 부럽구나, 나도 저들처럼 살아가고 싶구나."

선은 눈물겹도록 그런 백성들이 부러웠습니다. 임금 앞에만 가면 잔뜩 주눅이 들어 할 말도 제대로 못 하는 자신의 처지가 새삼 비참하게 느껴졌습니다. 어머니 품에 안겨 어리광을 부리고 싶었지만 어머니 선희궁도 늘 너무 멀리만 있었습니다.

선은 저절로 눈물이 핑 돌았습니다.

일행이 막 가회동 쪽으로 걸어갈 때였습니다. 솟을대문이 높은 어느 대갓집에서 꽹과리와 징, 북소리가 떠들썩하게 들려왔습니다.

"저게 무슨 소리이지?"

선은 고개를 갸우뚱하고 물었습니다.

"아마도 추수가 끝난 10월이라 집안의 평안이며 가족의 무병장수와 자손이 잘되기를 비는 안택굿을 하는 모양입니다."

"안택굿이라? 그렇다면 좋은 구경거리가 아니냐. 어서 우리도 안으로 들어가 보자!"

선은 벌써 성큼성큼 솟을대문 안으로 들어갔습니다.

마당으로 들어서자 집안 사람이며 동네 사람들이 둥그렇게 모여 서 있는 모습이 보였습니다. 떡이며 돼지머리, 과일이 차려진 제사상이 보이고 그 앞에서 울긋불긋한 옷을 입은 무당이 덩실덩실 춤을 추며 비나리를 하는 게 보였습니다.

"비나이다, 비나이다, 아무쪼록 우리 김씨 가문 모두 모두 무병하고, 주렁주렁 자손 번창하고, 자자손손 이름을 높이며, 곳간마다 듬뿍듬뿍 채워 주고, 천년만년 복을 내려 주사이다!"

무당은 구성진 목소리로 집안의 복을 빌어 주었습니다.

"비나이다, 비나이다!"

그럴 때마다 주인들은 돈을 던지며 굽신굽신 절을 했습니다.

그런데 한참 굿을 하던 무당이 갑자기 선을 보더니 우뚝 멈춰 서서 외쳤습니다.

"저기, 저기 저 도령은 누구인가! 금돈 은돈 다 깔고, 높고 높은 의자에 앉아 있구나. 하지만 불쌍하고도 불쌍하구나. 아이고, 금돈 은돈이 무슨 소용이며, 부귀영화가 무슨 소용인가. 장차 길도 없고 문도 없는 외딴 방에 갇힐 신세로다!"

"아니, 나, 나한테 하는 소리요?"

선은 깜짝 놀라 물었습니다. 하지만 무당은 대답하지

않고 갑자기 목소리를 바꾸어 소리쳤습니다.

"훠이 훠이, 물렀거라! 네가 어쩌자고 여기 있느냐? 한시가 급하니 어서어서 달아나 살아날 궁리를 하여라. 훠이 훠이!"

"아니, 저, 저놈의 무당이! 이분이 누, 누구이신지 알고!"

도치가 당장 달려들어 굿판을 엎어 버릴 기세로 날뛰었습니다.

하지만 선은 얼른 도치의 팔을 잡고 낮게 외쳤습니다.

"어서 나가자. 우리가 남의 좋은 잔치에 훼방을 놓을 수는 없다."

"저하, 저런 돌팔이 무당 말에 너무 마음 쓰지 마옵소서. 그저 입에서 나오는 대로 지껄이는 것뿐이옵니다."

달쇠도 부아가 나서 어쩔 줄 몰랐습니다. 급기야 달쇠는 무당을 향해 외쳤습니다.

"내 저 무당을 그냥!"

"달쇠야, 도치야, 나는 괜찮다. 나는 아무렇지도 않아.

이렇게 궐 밖에 나와 이런 좋은 구경을 하니, 되레 가슴이 뻥 뚫린 듯 좋기만 한걸!"
　선은 너스레를 떨며 웃었습니다.
　하지만 속으로는 자꾸만 무당이 한 말이 귓가에 맴돌았습니다.
　"금돈 은돈 다 깔고, 높고 높은 의자에 앉아 있구나. 하지만 불쌍하고도 불쌍하구나. 아이고. 금돈 은돈이 무슨 소용이며. 부귀영화가 무슨 소용인가. 장차 길도 없고 문도 없는 외딴 방에 갇힐 신세로다!"
　무당의 표정이며 목소리, 말투까지 귓가에 쟁쟁하게 울려 왔습니다.
　'저 무당은 내가 누구인지도 모르는데 어찌 나에 대해 그리 맞는 말을 하지? 그래. 내가 언젠가 왕위에 오른다면 무당의 말대로 금돈 은돈이 다 무슨 소용이겠어. 아무리 높고 높은 용상에 앉는다 해도 길도 없고 문도 없는 방에 갇힌 거나 뭐가 다르겠어. 아마도 신기가 있어서 궐 안에 사는 답답한 내 처지를 꿰뚫어 보고 그런 말을 한 건지도 모르지.'

선은 애써 좋은 쪽으로 생각을 하였습니다.

"저하, 어서 궐로 들어가시옵소서. 밤이 깊었나이다."

도치가 앞장을 서며 재촉하였습니다.

"그래, 어서 가자."

선은 발걸음을 재촉했습니다. 멀리 북악산 그림자가 유난히 짙게 보이는 밤이었습니다. 하늘에는 어느새 손톱달이 높게 뜨고, 아까 보았던 그 별이 선을 천천히 따라오는 듯 보였습니다.

'하하, 그래. 오늘부터 너는 내 별이다.'

선은 하늘을 보며 헛웃음을 지었습니다.

그 후 선은 글공부를 하고 가끔 답답하면 뜰에 나가 칼을 쓰고, 활을 쏘며 하루하루를 지냈습니다. 그러던 이듬해 6월 어느 날이었습니다. 안타깝게도 슬픈 소식이 날아들었습니다. 언제나 선의 편을 들어 주던 화평 옹주가 아이를 낳다가 그만 세상을 떠난 것입니다.
"아, 나와 아바마마 사이를 이어 주던 화평 누이가 없으니 이제 어찌하나?"
선은 천군만마보다 더 든든했던 지원군을 잃어버린 슬픔에 가슴이 무너지는 듯했습니다.
'왜 내가 의지하고 가까이하던 사람들은 모두 다 떠나는 걸까? 보모상궁도, 화평 누이도.'
선은 마치 이 세상에서 외톨이가 된 기분이었습니다.

큰 임금, 작은 임금

어느새 새해가 찾아오고, 이제 선은 열다섯 살이 되었습니다.
화평 옹주를 잃은 슬픔에 빠져 있던 선은 어느 날, 또 가슴이 철렁 내려앉는 소식을 들었습니다. 바로 선의 생일 다음 날 밤 임금의 양위 소식이 날아온 것입니다. 하룻밤 사이에 온 궁궐이 벌집을 쑤셔 놓은 듯 소란해졌습니다.
"뭐라고? 아, 아바마마께서 또 나에게 임금 자리를 내주시겠다고 했단 말이지?"
선은 또다시 불거진 양위 소식에 소스라쳐 놀랐습

니다.

"저하, 그렇사옵니다. 어젯밤 전하께서 갑자기 승정원에 봉서(겉봉을 봉한 편지)를 내리셨답니다. 지난 25년 동안 하루같이 임금의 자리를 내려놓고자 하였고, 이제 저하께서 열다섯 살이 되셨으니 안심하고 보위를 물려주고자 하신다는 내용이었습니다. 그 이유는 죽어 저승에 가서 형님의 용안을 떳떳이 뵐 수 있기를 바라고자 함이며, 또 하나는 임금 노릇을 즐기지 않기 때문이오, 전하가 살아 계실 때 저하에게 나랏일을 가르치시기 위함이라 하셨으며, 마지막으로 5년 전부터 병이 더하시니 이제 복잡한 일에서 벗어나 요양을 하기 위함이라 적으셨나이다."

승정원 관리가 안타까운 듯 알려 주었습니다.

"오오, 안 되오! 아니 되오! 어찌 내가 그 뜻을 받들 수 있단 말이오?"

선은 부랴부랴 대전으로 달려가 지난 다섯 살, 여섯 살 때 했던 것처럼 거적을 깔고 꿇어 엎드려 울며 부르짖었습니다.

"전하, 어서 그 뜻을 거두어 주시옵소서!"

"전하, 제발 그 뜻을 거두어 주시옵소서!"

선은 이마를 바닥에 찧어 가며 빌고 또 빌었습니다. 승지를 비롯한 여러 문무백관들도 달려 나와 양위를 거둬 달라며 울며 청했습니다.

하지만 임금은 꿈쩍도 하지 않았습니다. 어느 틈에 하늘에서는 세찬 비와 함께 진눈깨비가 마구 쏟아져 내렸습니다. 선의 몸은 얼어붙는 듯 차가워졌습니다. 하지만 석고대죄를 멈추지 않았습니다.

"전하, 아니 되옵니다, 어서 양위를 거두어 주소서!"

"전하, 통촉하소서!"

임금의 양위 소식에 노론 영의정 김재로도, 소론 좌의정 조현명도 한목소리로 외쳤습니다. 밤부터 시작한 선과 신하들의 눈물 어린 시위는 새벽까지 이어졌습니다.

"아바마마, 아바마마, 부디 뜻을 거둬 주소서, 제발!"

선은 온몸이 얼어붙는 고통 속에서도 꿈쩍 않고 엎드려 울며 외쳤습니다.

그때였습니다. 마침내 임금이 모습을 드러냈습니다.

"내가 큰 뜻을 안고 양위를 하려 했으나 세자가 울며 사양하는 것을 보고는 그 뜻을 거두기로 하였노라. 하지만 그 대신 장차 세자에게 대리청정을 맡기려 하노라!"

임금은 선에게 임금의 자리를 물려주는 대신 대리청정을 맡기겠다는 것이었습니다.

"전하, 천부당만부당하옵니다!"

영의정 김재로가 나서서 반대를 했습니다.

"어린 세자가 갑자기 보위에 올랐을 때, 아무것도 모른 채 무슨 일이라도 당하면 그때는 어찌하려는가? 세자에게 미리미리 나랏일을 가르치려는 것이니 다시는 이 일에 반기를 들지 말라. 장차 사람을 쓰는 일과 군사를 움직이는 일, 사형에 관한 일, 국방에 관한 일만 나에게 물어라. 나머지는 모두 세자에게 맡기겠노라!"

임금은 미리 준비를 한 듯 모든 신하들 앞에서 큰 소리로 알렸습니다.

"아바마마, 어찌 소자에게 이토록 막중한 일을 맡기시옵니까? 소자 아직 배울 것이 많으니 제발 그 뜻을 거두어 주소서!"

선이 울며 매달렸지만 소용없는 일이었습니다.

'아바마마의 진짜 속마음이 무엇일까? 아바마마가 살아 계실 때 나랏일을 가르치시려는 것 말고 다른 뜻은

없는 걸까? 아직 나를 못 미더워하시면서도 내게 그토록 큰일을 맡기시는 진짜 까닭은?'

선은 문득 궁금해졌습니다. 그러다가 문득 깨달았습니다.

'혹시 아바마마는 평생 형을 죽이고 왕위에 올랐다는 소문과 죄책감에 시달리다가 이젠 그것을 벗어나고 싶으신 게 아닐까?'

선은 알 수 없는 두려움에 부르르 몸을 떨었습니다. 열다섯 나이에 덜컥 맡게 된 대리청정이라는 자리가 마냥 무겁게만 느껴졌습니다.

"빈궁, 내가 그 일을 감당할 수 있을지 걱정이오. 그렇잖아도 나를 마뜩찮게 여기시는 아바마마를 더 실망시켜 드리는 것은 아닐까 하고 말이오."

선은 세자빈에게 속마음을 털어놓았습니다.

"저하, 언젠가 맡아야 할 일을 조금 미리 맡았다고 여기시옵소서. 전하께서는 늘 저하가 성군이 되길 바라셨으니, 이제 늠름하고 의젓하고 지혜로운 모습을 보여 주시옵소서. 그리하면 전하께서 기뻐하실 것이옵니다."

세자빈이 언제나처럼 차분하게 위로와 용기를 불어넣

어 주었습니다.

"빈궁 말이 맞습니다. 내 아바마마에게 부끄럽지 않은 정사를 펴 보이겠소. 지금 조정에서는 노론이니 소론이니 하며 서로 자기 주장을 펴지만, 나는 어느 한쪽에 치우치지 않을 생각이오. 백성 모두가 배불리 먹고 헐벗지 않는 나라, 누구든지 자기가 하고 싶은 것을 할 수 있는 나라, 어떤 외적도 감히 넘보지 못할 만큼 강한 나라, 나는 그런 나라를 만들 것이오."

선은 자기도 모르게 주먹을 불끈 쥐었습니다.

그러자 세자빈이 조심스레 말했습니다.

"하오나 저하, 너무 갑작스러운 변화는 지금 권력을 쥐고 있는 조정 대신들을 혼란스럽게 할 것이옵니다. 모든 것에는 다 때가 있으니, 부디 혈기를 누르시고 천천히 뜻을 펼치소서."

세자빈은 성품이 강직하지만 성격이 급한 선이 걱정스러워 충고를 하였습니다.

"걱정 마시오, 나도 이제 어린아이가 아니라오."

선은 빙긋 웃으며 세자빈을 안심시켰습니다.

마침내 선은 익선관에 곤룡포를 입고 세자의 집무실인

시민당으로 나아갔습니다.

'이제부터 나는 아바마마를 대신해서 나랏일을 보는 것이다. 한 치도 실수를 해서는 안 된다.'

모든 문무백관들의 조참을 받은 후 선은 마침내 첫 정사를 보기 위해 신하들과 마주 앉았습니다.

"저하, 경술년 이래 나라에서는 아비가 비록 천인이지만 어미가 양인(천민과 양반 사이의 중간 계층)이면 그 자식도 어미를 따라 양인이 되도록 하였나이다. 그럼에도 불구하고 장예원(노비를 관리하는 관청)에서 양인이 되는 자식들에게 세금을 받고 있으니, 이는 잘못된 일이옵니다."

"저하, 장예원 담당자의 잘못을 엄히 물어 파직해야 마땅하옵니다."

영의정, 좌의정이 앞다투어 말했습니다.

"그리 하라!"

선은 내용을 다 듣고는 엄숙하게 말했습니다. 익선관에 곤룡포를 입고 높은 의자에 앉아 신하들을 내려다보니 저절로 목소리며 얼굴 표정에 위엄이 어렸습니다. 신하들도 그런 선을 깍듯이 대하며 어려워할 정도였습니다.

'그래, 나는 이제부터 이 나라의 작은 임금이다. 큰 임금이신 아바마마께 누가 되지 않으려면 작은 일도 허투루 해선 안 된다.'

선은 다시 한번 다짐했습니다.

어느덧 선이 대리청정을 맡은 지 스무 날째였습니다. 선은 아침부터 가슴이 떨려 왔습니다. 오늘은 정전에 나아가 임금을 모시고 정사를 보는 날이었습니다.

"경들은 어서 세자에게 안건을 내놓아라. 세자는 신하들이 하는 말을 잘 듣도록 하라. 신하들의 말에 무조건 '그렇게 하라.'라고 대답하면 잘못을 저지를 수 있으니 의심스러운 점이 있으면 반드시 대신들에게 물어보고 대답하라."

임금이 선과 신하들에게 일렀습니다.

'아바마마는 지금 내가 대리청정을 잘하는지 못하는지 보러 오신 게다. 정신 바짝 차리자.'

선은 속으로 다짐하였습니다. 하지만 그러면 그럴수록 입안이 바짝바짝 마를 만큼 긴장되었습니다. 임금이 보고 있다는 생각 때문이었습니다.

마침내 영의정 김재로가 나서서 청했습니다.

"지금 함경도 성진에 있는 군영을 다시 길주 쪽으로 옮기는 것이 어떠하온지요?"

그러자 좌의정 조현명이 나서서 덧붙여 말했습니다.

"저하, 육진으로 가는 길은 모두 아홉 갈래가 있사옵니다. 그중 길주는 지리적으로 가장 중요한 곳에 있사오나 성진은 단지 세 갈래 길만 막을 수 있사옵니다."

"함경도는 조선 초기부터 육진을 세워 야인들을 막을 만큼 중요한 곳이다. 길주는 성진보다 더 중요한 위치에 있으니 군사들을 모두 길주로 옮기도록 하라. 하지만 장차 성진은 어떻게 방어를 하려는가? 성진에도 군사들을 남겨 둬야 하지 않겠는가?"

"네, 저하! 성진에도 마땅히 군사들을 남겨 둘 것이옵니다."

"그럼 그리 하라."

선은 나라를 지키는 일에 대해 관심이 많았습니다. 그래서 선뜻 허락을 해 주었습니다. 그때였습니다. 갑자기 임금이 나서서 무섭게 야단을 쳤습니다.

"세자, 어찌하여 그리 중요한 문제를 내게 의논도 없이 혼자 결정하느냐? 성진으로 군사를 옮긴 건 내가 한 일이거늘, 그걸 다시 길주로 옮기려면 마땅히 대신들에게 먼저 물어보고 나에게도 의견을 물은 후 결정해야 옳지 않은가!"

"전하, 소자가 아직 일이 서툴러 실수를 저질렀나이다. 다시 대신들에게 물어 결정을 내리겠나이다."

선의 등줄기에서 식은땀이 주르르 흘렀습니다.

"그대들의 의견은 어떠한가?"

선은 다시 대신들을 향해 질문했습니다. 하지만 임금이 뒤에서 지켜보고 있다고 생각하니 잔뜩 주눅이 들어 목소리가 점점 작아졌습니다.

신하들도 이러지도 저러지도 못한 채 우물쭈물했습니다.

그러자 임금이 답답하다는 듯 나서서 말했습니다.

"이 일은 나라의 국방에 관한 중요한 일이니 병조판서가 직접 함경도 성진과 길주를 살피고 온 후에 결정을 내리도록 하라!"

"네, 전하."

선은 결국 자기 의견을 거둔 채 임금의 뜻을 따랐습니다.

그 후에도 임금은 선이 하는 일에 이래저래 간섭을 했습니다. 선이 신하들과 만나 한 달에 여섯 번 의견을 나누는 자리를 일찍 끝내면 왜 일찍 끝냈느냐고 묻고, 툭하면 불러다가 닦달을 하였습니다.

"너는 너무 편하게만 자라 모든 일을 쉽게 처리하는 버릇이 있구나. 나는 한 가지 일을 골백번 생각하여 셜

정을 내리느라 지난 25년 동안 머리카락과 수염이 모두 세고 말았다. 부디 명심하여라."

"명심하겠나이다."

그럴 때마다 선은 죄지은 사람처럼 몸 둘 바를 몰랐습니다.

'아바마마는 내게 너무나 높고 높은 산이구나.'

선은 저절로 가슴이 턱 막혔습니다.

"달쇠야, 달쇠야!"

마음이 답답해진 선은 날이 어두워지자 달쇠를 불렀습니다.

"저하, 무슨 일로 부르셨습니까?"

"달쇠야, 내가, 내가 여기가 아파서 죽을 것 같구나. 가슴이 답답하고 숨을 쉬기가 힘들어."

"그럼 내의원에 일러 어의를 불러오겠습니다."

달쇠는 깜짝 놀라 밖으로 나가려 하였습니다.

"그게 아니야, 여기 이 궁궐에서는 숨을 쉴 수가 없어. 여기 서가에도, 저기 병풍에도, 아니 이 방 안에도 아바마마의 눈이 나를 지켜보고 있는 것 같아. 달쇠야, 나가자. 어서, 궐 밖으로 좀 나가자꾸나."

"오, 저하, 그건 안 되옵니다. 차라리 쇤네하고 궁궐 숲에 나가 칼이라도 한번 휘두르시는 게 어떠하온지요?"

"아니야, 나가고 싶어. 여기서 죽을 것 같다니까. 어서 옷을 가져오너라, 어서!"

선이 성화를 하자 달쇠는 하는 수 없이 상궁에게 평복을 가져오라 일렀습니다. 선은 달쇠를 앞세워 궐 문 쪽으로 나갔습니다.

"아무에게도 내가 밖으로 나간 사실을 말하지 말라."

선은 동궁전을 지키는 문지기에게 무섭게 으름장을 놓았습니다.

"아아, 달쇠야, 이게 얼마 만이냐? 어서 저쪽으로, 저쪽으로 가 보자."

선은 춤이라도 출 듯 겅중거리며 운종가 쪽으로 걸어갔습니다. 지난번 무당이 했던 말 따위는 다 잊어버리고 금세 즐거워졌습니다.

"하하, 여긴 완전 대낮이구나, 대낮이야!"

점점 어두워지는 밤인데도 운종가 곳곳에는 불을 환하게 밝힌 채 장사를 하는 집들이 있었습니다. 그러자 문득 오래전에 달쇠의 여동생에게 빨간 댕기를 사 주던 일이 떠올랐습니다.

"참, 네 여동생 오월이는 잘 있느냐?"

"네, 저하. 쇤네가 마련해 준 돈으로 혼사를 잘 치르고 이제 어엿한 아기 엄마가 되었답니다."

달쇠는 자랑스레 말했습니다.

"하하, 그것참 잘됐구나."

선은 볼우물을 지으며 웃던 오월이를 떠올리며 빙그레 웃었습니다.

그때였습니다. 갑자기 어디선가 옷을 잘 차려입은 젊은이 둘이 선과 달쇠를 보고 달려왔습니다.

"어이쿠, 이게 누구십니까? 도련님, 도련님을 이제야 만나다니요!"

"그동안 저희가 얼마나 애타게 도련님을 찾았는지 아십니까? 도성 안에 있는 난다 긴다 하는 양반 자제분들을 다 만나 봤지만 도련님을 찾을 길이 없었는데, 이제야 만났습니다."

"아니, 너, 너희들은?"

선은 젊은이들을 보며 깜짝 놀랐습니다. 그들은 지난

번 선의 복주머니를 훔쳐 달아나다가 붙잡혔던 동이와 봉구였습니다. 동이와 봉구는 어느 틈에 훌쩍 자라 어엿한 젊은이가 되었습니다.

"맞습니다, 맞아요. 하하하, 저희가 바로 그때 그 도적놈들이랍니다."

"도련님을 이렇게 다시 만나다니 꿈만 같습니다. 그때 도련님이 주신 돈으로 무얼 할까 궁리, 또 궁리를 했답니다. 그러다가 이왕 공짜로 생긴 돈이니 없는 셈 치고 큰 모험을 해 보자 하고는 비단 장사를 시작했답니다. 중국에서 가져온 비단을 사다가 양반집에 직접 되파는 일을 한 것입니다. 몇 년 사이에 그 일이 점점 불어나서 이제는 가게까지 차리고 온 식구가 배부르게 밥을 먹게 되었답니다. 저희들이 종종 중국으로 가서 직접 비단을 사 오기도 하고요. 이 모두가 도련님 덕분입니다."

"평생의 은인을 만났으니 오늘밤에는 저희가 모시겠습니다. 어서 저희 집으로 가시지요."

동이가 먼저 선의 팔을 잡아끌며 마구 걸어갔습니다.

"하하하, 그럼 너희들이 어떻게 부자가 되었는지 그 비결을 좀 들어 볼까?"

선은 못 이기는 척 동이와 봉구를 따라 나섰습니다.

동이는 수표교를 지나 어느 번듯한 기와집으로 선을 데리고 들어갔습니다. 집의 규모나 살림살이, 집안 식구들의 차림새로 보아 정말로 동이가 돈을 많이 번 모양이었습니다.

"도련님, 술 한잔 하시지요."

동이가 어느 틈에 떡 벌어지게 주안상을 차려 왔습니다.

하지만 선은 술잔을 받을 수가 없었습니다.

'아바마마께서 금주령을 내리고 온 백성들이 검소하게 살기를 바라는 마당에 내가 술을 마실 수는 없다.'

선은 속으로 중얼거렸습니다.

"너희들은 나라에서 금주령을 내린 것도 모르느냐?"

"도련님, 아무리 나랏님이 못 마시게 해도 모두들 쉬쉬하며 술을 마시는 걸 모르십니까? 나랏님은 높고 높은 궁궐 담장 안에 계시니 저희가 굿을 하는지 떡을 먹는지 어찌 아시나요? 그러니 안심하고 어서 드시지요. 제가 은인께 올리는 술입니다."

봉구가 술 한 잔을 따라 권했습니다.

그때 옆에 있던 달쇠가 더 이상 참지 못하고 낮게 으박질렀습니다.

"이 녀석들이! 보자보자 하니까 도저히 참을 수가 없구나. 너희들 지금 이분이 누구이신지 아느냐? 바로 이 나라의 지존, 세자 저하이시다!"

"아니, 달쇠야, 모처럼 옛 친구들을 만났는데 그런 비밀을 누설하면 내 어찌하느냐?"

선은 달쇠의 입을 막으려고 했지만 이미 늦었습니다.

"세, 세자마마라고요? 오, 세상에!"

"세자마마, 저, 저희의 무례를 요, 용서해 주십시오!"

동이와 봉구가 갑자기 그 자리에 넙죽 엎드려 벌벌 떨었습니다.

"하하하, 어서 일어나렴. 너희들과 나는 이미 친구가 되었건만 새삼 세자라고 해서 그리 예의를 차리니 내가 무안하구나. 내 술 대신 차를 마실 테니 차를 가져오너라."

선은 동이와 봉구를 달래 주었습니다. 그리고는 늦도록 차를 마시며 국경을 오가며 무역을 하는 사람들에 관한 이야기며 멀리 국경 지대의 경비에 대하여, 청나라에

대하여 물었습니다.

"저하, 청나라에는 이미 서양 문물이 많이 들어오고 과학이 발달하여 없는 게 없습니다. 해시계와 물시계뿐 아니라 벽에 걸어 두는 시계도 있고, 눈이 나쁜 사람들은 유리알로 만든 안경을 쓰고 다니며, 실생활에 필요한 책들이 아주 많이 나와 있습니다. 저희가 비단을 들여오는 틈틈이 몰래 청나라 서적들이며 신문물들도 가져오곤 한답니다."

"저하, '옥추경'이라는 책을 아시옵니까? 그 책을 읽으면 귀신을 물리칠 수 있다고 하옵니다. 몸이 아픈 사람은 몸이 낫고, 마음이 약한 사람은 마음이 강해지는 책이라 하옵니다."

"그런 신기한 책이 있더냐? 어디, 나도 좀 보자꾸나."

"저하, 여기 있사옵니다. 하지만 이 책에는 무당이나 점쟁이들이 귀신을 물리칠 때 쓰는 경전이 들어 있다고 하옵니다. 그래서 나라에서 금서로 정했다고 들었습니다. 혹시라도 이것을 지니고 있다가 저하께 누가 될까 염려되옵니다."

"염려 말거라. 그저 내 마음이 심란할 때 몰래 꺼내 볼

테니."

선은 동이가 준 『옥추경』을 소중한 보물처럼 들고 동궁전으로 돌아왔습니다.

한바탕 나들이를 다녀오고, 뜻밖에 동이와 봉구를 만나서인지 선은 한결 마음이 가벼워진 듯했습니다.

나는 누구의 편도 아니오

　어느덧 선이 대리청정을 한 지 4년째 되는 해였습니다. 그 사이 선은 각 고을에서 흉년이나 춘궁기에 가난한 백성들에게 곡식을 빌려주고 추수 때 받는 환곡이며 세금들을 각 지방의 형편에 따라 다르게 내게 하고, 사형수를 살려 주는 등 백성들 편에 서서 일을 하였습니다. 그러면서도 한편으로는 서연에 나아가 임금이 묻는 말에 대답을 할 때가 많았습니다.
　어느 날 선이 『논어』를 읽자 임금이 물었습니다.
　"자로가 다 해진 솜옷을 입고도 담비 가죽을 입은 자와 함께 있는 것을 부끄러워하지 않은 까닭은 무엇인가?"

"그것은 자로가 재물이 아닌 도를 즐겼기 때문입니다."

"그렇다면 그때는 자로가 가난할 때였는가, 아니면 넉넉하게 살 때였는가?"

"가난할 때나 부유할 때나 그 마음이 똑같았습니다."

"그래, 잘 대답하였노라."

임금이 칭찬을 해 주었습니다. 하지만 선은 임금이 물을 때마다 진땀이 났습니다. 다 아는 내용인데도 자칫 무슨 트집을 잡히지 않을까 하여 우물우물할 때가 많았습니다.

"어허, 세자. 목소리가 어찌 그리 자신이 없는가? 더 크게 말해 보아라."

그럴 때마다 임금은 많은 신하들 앞에서 선에게 퉁바리를 줬습니다. 그러자 선은 임금 앞에서 말하는 게 점점 더 두려워졌습니다.

그해 가을, 궁 안에 큰 경사가 났습니다. 세자빈이 아들을 낳은 것입니다.

하지만 기다리고 기다리던 세손이 태어난 기쁨도 잠시, 궁궐 안에 홍역이 나돌아 선은 물론 세자빈과 세손

그리고 화협 옹주가 홍역에 걸리고 말았습니다. 선과 세자빈, 세손은 간신히 병을 이기고 일어났지만 안타깝게도 화협 옹주가 숨을 거두었습니다.
"아, 화평 누이의 뒤를 이어 화협 누이까지 세상을 떠나다니!"
선은 누구보다 슬피 울었습니다. 화협 옹주가 아버지인 임금의 사랑을 받지 못한 채 외롭게 살다가 죽은 것이 마냥 가엾기만 했습니다.
'아바마마는 화평 누이의 생전에 그토록 어여삐 여기셨으면서 왜 화협 누이한테는 그렇게 차갑게 대하신 걸까? 나와 같은 처지였던 화협 누이가 없으니 이제 나는 누구한테 속마음을 털어놓을까.'
선은 날이 갈수록 자신을 엄하게 대하는 임금이 두렵기만 했습니다. 임금을 만나러 가기도 전에 가슴이 두근두근거리고, 그 앞에만 가면 괜히 온몸이 얼어붙곤 했으니까요.
그렇게 슬픈 가을이 지나고 온 세상이 얼어붙은 어느 겨울날이었습니다. 임금은 또다시 승정원에 임금 자리에서 물러나겠다는 선언을 하고는 왕위에 오르기 전에 머물렀던 창의궁으로 가 버렸습니다. 선은 깜짝 놀라 세자시강원의 춘방관들을 불러 상소를 쓰게 하고는 창의궁으로 달려갔습니다.

'이 모두 내가 나랏일을 제대로 보지 못했기 때문이다.'

선은 전각 앞뜰에 엎드려 빌며 석고대죄를 했습니다.

"아바마마, 제발 뜻을 거두시고 환궁하시옵소서!"

아직 홍역으로 쇠약해진 몸을 추스르기 전인데도 선은 차가운 돌바닥에 거적을 깔고 앉아 빌고 또 빌었습니다.

구름이 잔뜩 낀 하늘에서 어느 틈에 진눈깨비와 눈보라가 쏟아지기 시작했습니다. 꿇어 엎드린 선의 몸 위로 하얀 눈이 수북이 쌓여 갔습니다. 혹독한 추위가 뼛속까지 파고들어 온몸을 얼어붙게 했습니다.

"아바마마, 부디 뜻을 거둬 주소서!"

선은 찬 돌바닥에 이마를 마구 찧으며 빌고 또 빌었습니다. 그 바람에 망건이 다 찢어지고 이마에서는 피가 흘렀습니다. 하지만 아무리 선이 울며 간청을 해도 임금은 꿈쩍도 하지 않았습니다.

마침내 석고대죄를 한 지 13일째 되는 날이었습니다.

대전 바닥에 엎드려 임금이 명을 거둬 주기를 바라던 선은 무언가 결심한 듯 말했습니다.

"전하, 소자가 아무리 간청해도 들어주시지 않으니 안으로 들어가 여쭙겠습니다."

선은 비틀비틀 일어나 전각 안으로 들어갔습니다.

"애통하도다! 세자는 어찌하여 짐의 마음을 이리도 번거롭게 하느뇨? 오냐, 세자의 청이 극진하니 내 다시 즉위한 것과 같은 마음이 드는구나. 전교를 거두겠노라!"

임금은 열사흘이 지나서야 자신의 뜻을 굽혔습니다.

'아아, 어찌하여 아바마마는 나를 이토록 시험하시는가! 내가 아직도 성군이 될 자질이 부족해 보여 저러시는 걸까? 아, 차라리 보리죽을 먹고 베잠방이를 입고 살더라도 여염집 아들로 태어났더라면 얼마나 좋았을까!'

동궁전으로 돌아온 선은 베갯잇이 젖을 정도로 슬피 울었습니다. 생각할수록 임금에 대한 두려움과 서운함이 커져만 갔습니다.

그렇게 또 2년이 흘러 새해가 얼마 지나지 않은 2월의 어느 날이었습니다. 전라도 나주 감사 조윤규가 올린 장계로 온 나라가 발칵 뒤집히는 사건이 벌어졌습니다.

"뭐라? 나주 객사 망화루 정문에 '간신이 조정에 가득해 백성의 삶이 도탄에 빠졌다.'라는 벽서가 걸렸단 말이지? 어떤 놈이 그런 해괴한 짓을 했단 말인가?"

임금은 부르르 떨며 장계를 보고 또 보았습니다. 누군가가 여러 사람에게 알리려 일부러 벽에다 글을 써서 붙인 '나주벽서사건'이 벌어진 것이었습니다.

'이제 곧 온 나라에 피바람이 불겠구나.'

선은 마치 자신이 죄를 지은 듯 가슴을 졸였습니다. 벽서를 쓴 사람이 누구인지 모르지만, 임금과 조정 권력을 틀어쥔 노론에 불만을 가진 자일 테니 말입니다. 임금은 곧장 좌의정 김상로, 우참찬 홍봉한, 포도대장 등을 불러 당장 범인을 잡아 올리라고 명했습니다.

며칠 지나지 않아 범인 윤지가 잡혀서 한양으로 압송되어 왔습니다. 윤지는 소론 윤취상의 아들입니다. 윤취상은 지난 임인년 때 상소를 올린 김일경 일파로 몰려 사형을 당했습니다. 당시 김일경은 경종 임금을 해치려는 역적들에 관한 상소를 올렸다가 죽음을 당했는데, 윤지의 아버지가 이 일에 휘말린 것이지요.

"당장 그 일당들을 잡아들이렷다!"

윤지와 함께 일을 꾸민 사람들이 줄줄이 잡혀 왔습니다.

임금은 윤지와 그 아들에게 사형을 내린 후, 그와 함께 일을 꾸민 전 나주 목사 이하징을 비롯해 모든 사람들을 처형했습니다.

'할 말이 있어도 하지 못하는 세상, 이게 과연 옳은 세상일까? 아바마마는 뭐가 두려워 이토록 많은 사람을 죽이는 걸까?'

선은 날마다 피투성이가 되어 죽어 가는 사람들을 보는 게 안타깝기만 했습니다. 임금 옆에서 그들을 죽이라며 더욱 몰아치는 노론 대신들도 두려웠습니다. 대리청정을 하는 선은 그저 꼭두각시에 지나지 않았습니다.

한바탕 나주벽서사건에 연루된 사람들을 처형한 임금은 그 일을 축하하기 위해 특별 과거시험인 토역정시를 치르도록 했습니다.

"이 나라의 역적들을 모두 처벌했으니 참으로 기쁘도다. 좋은 인재를 찾아 이 나라의 앞날을 도모하기 바라노라!"

임금은 모처럼 기쁜 얼굴로 말했습니다.

토역정시를 치르는 날이었습니다. 또다시 뜻하지 않은 사건이 벌어졌습니다.
　"이게 뭐지? 대체 뭐라고 쓴 거지?"
　한 선비가 쓴 답안지를 보던 시험관의 얼굴이 흙빛으로 변했습니다. 답안지에는 임금이 나라를 잘못 다스리고 있다는 비난이 조목조목 적혀 있었습니다.
　"저, 저놈을 당장 하옥하라!"

답안지를 쓴 사람은 심정연이었습니다. 심정연은 임금과 노론을 없애려다가 역모로 몰려 죽은 심성연의 동생이었습니다.

"오, 뿌리가 뽑힌 줄 알았더니 아직도 나와 조정을 모함하는 잔당들이 남아 있었단 말이더냐!"

임금은 눈물을 흘리며 탄식하였습니다.

"전하, 이는 아직 소론 잔당들의 큰 소굴이 남아 있기 때문이옵니다. 이 기회에 그들의 씨를 모두 없애야 하옵니다."

노론 우두머리인 김상로가 말했습니다.

또다시 조정 안에서 피바람이 일었습니다. 간신히 숨어서 목숨을 부지하고 있던 김일경의 씨족들은 물론 심정연과 그 일에 엮인 사람들이 줄줄이 끌려왔습니다. 그러고는 모진 고문과 형벌을 받고 피투성이가 되어 죽임을 당했습니다.

"진실은 하늘이 알고 땅이 알 것이다!"

그들은 죽어 가면서도 꼿꼿하게 자신들의 뜻을 굽히지 않았습니다.

그중 전 승지 신치운은 직접 국문에 나선 임금을 노려

보며 소리쳤습니다.

"주상, 나는 맹세컨대, 지난 갑진년부터 게장을 먹지 않았소이다!"

"저, 저런 죽일 놈을 봤나. 당장 저놈의 목을 치렷다!"

임금은 분노에 부들부들 떨었습니다.

'갑진년이면 바로 큰아바마마가 돌아가시고 아바마마가 왕위에 오른 해가 아닌가. 그때부터 게, 게장을 먹지 않았다면? 그, 그건 최 상궁이 쓴 비밀 편지에 나온 '이응, 이응, 기역'이 바로 연잉군, 아바마마라는 뜻이 아닌가!'

선의 가슴이 철렁 내려앉았습니다. 그동안 설마, 설마

하며 마음속으로만 짐작하고 있던 일이 신치운의 입을 통해 사실로 드러난 것입니다.

"아아, 참으로 애통하고, 애통하도다! 내 그동안 그토록 쉬쉬하며 소문과 오해를 덮으려 안간힘을 썼건만 다 소용없는 일이 되고 말았구나."

임금은 털썩 주저앉으며 통곡하였습니다. 그러고는 그 어느 때보다 더 잔인하고 혹독한 명령을 내렸습니다.

"지난 이인좌의 난과 임인옥사, 나주벽서사건에 연루된 자는 그 자자손손까지 모두 잡아들여 죽이도록 하라! 내 결단코 그들을 용서하지 않을 것이다!"

임금의 얼굴에서는 그 어떤 자비로움도 온화함도 보이

지 않았습니다. 전쟁터에 나갈 때 입는 갑옷을 직접 입고 숭례문 누각에 올라가 군악을 울리도록 하면서 죄인들의 목을 베게 하였습니다.

그 모습을 본 선은 가슴이 미어질 듯 아팠습니다.

'아아, 어찌하여 서로 죽고 죽이는 일이 되풀이된단 말인가. 이렇게 되면 아바마마가 평생 탕평책을 쓰며 신하들을 고루 등용하려 애쓴 일이 물거품이 되고 말 것이다. 이 모두가 저 노론 대신들 때문이다.'

참지 못한 선은 마침내 임금을 부추기는 김상로에게 말했습니다.

"죄가 없는 사람까지 잡아들이는 것은 옳은 일이 아니오. 부디 그들의 잘잘못을 제대로 따져서 억울한 이가 없도록 해야 할 것이오!"

"저하, 저하께서는 어찌하여 역적의 무리인 소론 편을 드시는 것이옵니까?"

김상로가 두 눈에 쌍심지를 켜고 선에게 물었습니다. 그 목소리에 섬뜩한 살기가 가득했습니다. 선의 가슴에도 뜨거운 불길이 활활 일어났습니다.

"그게 대체 무슨 말이오? 나는 누구의 편도 아니오.

단지 이 나라 백성들이 억울하게 죽는 일은 없어야 함을 말한 것뿐이오."

"세자는 지금 내 행동이 잘못되었다는 것이냐?"

임금이 무섭게 나서서 물었습니다.

"아바마마, 그게 아니오라 소자는 아무 죄도 없는 어린아이와 부녀자들까지 역모죄를 쓰고 죽어 가는 게 안타까워 드린 말씀이옵니다. 부디 통촉하소서."

선은 울며 간청하였습니다.

"세자는 이 일에서 빠지거라. 이건 내가 직접 행하는 일이다!"

임금은 단호하게 못을 박았습니다.

'아아, 참으로 슬프고 슬프도다. 군주의 덕은 사람을 살리는 데 있지, 죽이는 데 있는 게 아니거늘!'

선은 땅을 치며 울고 또 울었습니다.

억울하고 억울한 일

날이 갈수록 선은 마음이 울적하기만 했습니다. 마음뿐만 아니라 몸도 여기저기 시름시름 아팠습니다.

그러던 어느 날 선은 어머니인 선희궁이 편찮으시다는 말을 듣고는 부랴부랴 집복헌으로 병문안을 갔습니다. 그곳에는 마침 화완 옹주가 와 있었습니다. 화완 옹주는 화평 옹주, 화협 옹주를 잃은 선에게 하나 남은 사랑스런 누이동생이었습니다.

"세자마마, 몸은 어떠신지요?"

선이 시름시름 아프다는 걸 안 화완 옹주가 물었습니다.

"그만그만하구나. 그래, 화완도 그동안 잘 지냈느냐?"

선은 모처럼 만난 화완 옹주와 어머니와 함께 이야기를 나누었습니다.

선은 예전부터 가족과 함께 오순도순 사는 백성들을 부러워했습니다. 비록 그들이 작고 초라한 집에 살며 보리밥에 나물과 김치뿐인 식사를 할지라도 말입니다. 그렇기에 선은 어머니와 화완 옹주와 함께하는 시간이 너무나 귀하게 느껴졌습니다.

보름달같이 환한 누이동생의 얼굴은 선의 마음 한구석을 따뜻하게 만들어 주었습니다. 그 순간만큼은 아픈 것도 모두 잊고 온몸에 기운이 돌 정도였습니다.

그때였습니다.

"상감마마 납시오."

기별도 없이 임금이 집복헌을 찾아왔습니다. 선은 지난번 나주벽서사건 이후 어쩐지 임금을 보는 게 더 두렵기만 했습니다.

"아바마마, 어서 드시옵소서."

선은 공손하게 인사를 올렸습니다. 그때 화완 옹주와 다정히 서 있는 선을 본 임금은 갑자기 어두워진 용안으로 버럭 소리를 질렀습니다.

"네가 어찌하여 화완과 같이 있느냐? 당장, 당장 나가지 못할까!"

"아, 아바마마, 소자는 단지 어마마마의 병문안을 왔다가……."

"어허, 당장 나가지 못할까!"

임금이 다시 불호령을 내렸습니다.
"아, 알겠나이다, 알겠……."
선은 미처 말을 끝맺지도 못한 채 급한 마음에 창문을 넘어 밖으로 뛰쳐나갔습니다.
'이젠 아바마마를 뵙기가 두렵구나. 어디에 있어도 마음이 편하질 않아.'
선은 언제부터인지 모르게 취선당 밧소주방에 머무는 날이 많아졌습니다. 그곳은 잔치 음식을 만드는 곳인데, 선은 어둑어둑하고 사람들이 드나들지 않는 밧소주방에 가면 어쩐지 마음이 편해졌습니다.
궁궐 안 어디에 있든지 임금의 시야에서 벗어날 수 없다고 생각했기 때문입니다.

아무리 좋은 모습을 보이려고 노력해도 아버지의 마음에 들 수 없다는 생각이 커다란 파도처럼 선의 마음을 잡아먹었습니다.

"달쇠야, 여기가 내 마음에 쏙 드는구나. 화려한 이불도 가재도구도 없는 곳이지만 마치 나 혼자만의 세상에 있는 듯 마음이 아늑하고 편안해져."

선은 나랏일을 보지 않을 때면 늘 그곳에 틀어박혀 동이와 봉구가 전해 주는 잡서들을 읽고, 좋아하는 그림을 그리며 지내곤 하였습니다. 특히 동물을 좋아하는 선은 궁궐에서 누군가 키우는 개를 그렸습니다. 점박이 큰 개를 보며 반갑다는 듯 달려오는 작은 개 두 마리의 모습이었습니다.

"너희들이 세상에서 제일 행복해 보이는구나."

선은 뜰에서 노니는 개들을 보며 혼잣말을 하였습니다.

그러던 어느 봄날이었습니다. 선이 세수도 하지 않고 옷도 갖춰 입지 않은 채 한가하게 책을 읽고 있을 때였습니다. 달쇠가 허둥지둥 달려와 하얗게 질린 낯빛으로 외쳤습니다.

"저하, 저하! 빨리 일어나소서. 전하께옵서 이리로 드셨나이다."

"뭐라? 아, 아바마마께서?"

선은 후닥닥 방을 뛰쳐나가 임금을 맞이하였습니다. 게으름을 피우고 있던 모습을 들킬까 봐 저절로 가슴이 콩닥거리고 얼굴이 화끈화끈 붉어졌습니다.

그 모습을 본 임금이 갑자기 노한 목소리로 물었습니다.

"세자는 지금 온 나라에 금주령이 내려진 것을 모르느냐? 너에게 술을 가져다준 사람을 당장 데려오너라."

"네에? 수, 술이라고요? 전하, 소, 소자는 절대로 수, 술을……."

선은 놀란 나머지 제대로 변명도 못 한 채 얼버무렸습니다.

"어허, 바른대로 고하라. 정녕 세자는 술을 마시지 않았느냐?"

"마, 마셨사옵니다."

임금이 하도 무섭게 다그치자 선은 자기도 모르게 술을 마셨다고 대답했습니다. 안 마셨다고 해도 보나마나 거짓 대답을 했다며 야단맞을 게 뻔했기 때문입니다.
"당장 네게 술을 가져온 자를 대렷다!"
임금이 다시 한번 다그쳤습니다.
"그, 그건 밧소주방 나, 나인인 여, 연이옵니다."
선은 자기도 모르게 거짓으로 아뢰었습니다.
"고얀지고. 금주령을 내렸건만 술을 들이고, 그 술을 마시다니!"
임금은 화가 나서 밧소주방 나인 연이를 멀리 귀양 보내고 말았습니다.
"아아, 억울하고 억울하도다! 연아, 가엾은 연아, 네가 나 때문에 귀양을 가게 되었구나. 아아, 세상에 이토록 원통하고 분한 일이 또 있으랴!"
선은 임금이 돌아가자 마구 발버둥을 치며 울었습니다.
"저하, 제발 진정하시옵소서."
세자시강원의 관원 하나가 선을 진정시키려 하였습니다.
그러자 화가 머리끝까지 난 선은 마구 소리를 질렀습니다.

"너희들은 내가 억울한 일을 당하는데도 말 한마디 아뢰지 않더니 이제 와서 나를 위하는 척하느냐? 에잇, 비켜라, 저리 비켜!"

선은 화가 나서 손을 휙 뿌리쳤습니다. 그때 선의 세찬 손놀림에 그만 촛대가 거꾸러지고 말았습니다. 촛불이 낙선당 창문에 닿자 불이 번지기 시작하였습니다. 눈 깜짝할 사이에 불길은 낙선당 전체로 번져 나갔습니다.

"불이다, 불이야!"

온 관원들이 나서서 부랴부랴 불을 껐지만 불길은 세손이 있는 전각 쪽으로 점차 번지고 있었습니다. 장차 선의 뒤를 이어 임금의 될 세손이 위험에 처하자 관원들은 허둥지둥 세손을 피신시키고 불을 껐습니다.

"네가 불한당이란 말이냐. 어찌하여 불을 지르느냐!"

불이 났다는 말을 들은 임금은 또다시 선을 호되게 야단쳤습니다.

"아아, 억울하고 억울하도다! 나 같은 건 차라리 죽는 게 낫도다."

선은 울부짖으며 앞뜰에 있는 우물로 달려갔습니다.

"저하, 저하. 제발 정신 차리소서!"

사도세자의 눈물 125

달쇠와 도치, 몇몇 관원들이 달려와 우물에 거꾸로 처박힌 선을 간신히 끌어 올리며 애원하였습니다.

'이제 나는 어떻게 살아야 하나.'

선은 어둠 속에 누워 그저 하염없이 울 뿐이었습니다.

그때 세손이 아장아장 걸어와 선 옆에 꿇어앉아 말했습니다.

"아바마마, 울지 마시어요. 아바마마가 우시면 소자 또한 덩달아 눈물이 나옵니다. 소자는 장차 글을 많이 읽고 무예를 닦아 아바마마처럼 성군의 자질을 갖출 것이옵니다."

세손의 눈에서는 어느 틈에 눈물이 또르르 떨어졌습니다.

"오, 내 아들 산아, 그래, 이 아비가 마음이 너무 약해졌구나. 이제 울지 않으마. 암, 다시는 울지 않으마. 아가, 이리 가까이 오렴."

선은 아들을 가까이 불러 고사리 같은 손을 꼬옥 잡아 주었습니다.

"산아, 이 아비는 어쩌다가 할바마마의 미움을 받게 되었는지 모르겠구나. 모두 이 아비가 부족한 탓이니라.

너는 부디 할바마마가 원하는 군왕의 길을 가야 한다. 하고 싶은 말이 있어도 안으로 꾹 참고, 듣기 싫은 말이 있어도 귀를 막고 모르는 체하며 귀머거리 삼 년, 벙어리 삼 년으로 지내거라. 그게 이기는 길이다."

"아바마마, 소자는 아직 어리옵니다. 그저 아바마마의 뒤를 따라갈 것이옵니다. 그러니 부디 마음을 강하게 하시옵소서."

"오냐, 오냐, 내 아들!"

선은 이제 겨우 다섯 살인 세손을 와락 끌어안았습니다.

이듬해 늦여름이었습니다.

"오늘 능행에는 세자도 함께 따르도록 하라!"

임금이 정성 왕후와 인원 왕후 두 분이 돌아가신 지 일 년 되는 제사를 지내기 위한 나들이에 선을 불렀습니다.

'아바마마의 노여움이 풀릴 징조로구나.'

선은 모처럼 기뻐하며 능행에 따라나섰습니다.

능행 행렬은 궁궐을 나와 경기도 고양 쪽으로 나아갔습니다. 그런데 8월 초하루, 마침 장마철이라 그런지 하늘이 캄캄해지더니 갑자기 우레와 함께 소나기가 퍼붓기 시작했습니다.

"아휴, 하필 비가 오시는구먼."

능행에 나섰던 시종들은 서둘러 비를 피할 천막을 치느라 부산하였습니다. 임금도 보련에서 내려 천막 안으로 들어섰습니다. 선도 뒤따라 천막 안으로 들어가 우두커니 쏟아지는 비를 바라보고 있었습니다.

그때였습니다. 갑자기 임금이 선을 향해 마구 역정을 냈습니다.

"이렇게 비가 내리는 것은 모두 세자를 데리고 온 탓이니라. 세자는 당장 궁궐로 돌아가도록 하라!"

"저, 전하……."

많은 신하와 시종, 시녀들 앞에서 무안을 당한 선은 어쩔 줄을 몰랐습니다. 기뻐하며 능행에 따라나섰다가 뜨거운 물을 뒤집어쓰듯 봉변을 당한 선은 부끄러움과 분노, 원망으로 가슴이 터질 것만 같았습니다.

"여봐라! 나를, 나를 저기 좀 내려 다오!"

선은 한양으로 돌아오는 도중 도저히 참지 못하고 경기도 감영의 한 창고로 들어가 어깨를 들썩이며 울고 또 울었습니다.

'아아, 아무리 해도 가까워지지 않는 아바마마와 나, 도대체 어디서부터 잘못된 것일까? 나의 무엇이 아바마마를 그토록 노엽게 하는 것일까? 아바마마는 왜 나의 진심을 보지 못하시는 것일까?'

선의 두 뺨으로 하염없이 눈물이 흘러내렸습니다.

온양 행궁

 선의 몸과 마음은 점점 더 엉망진창이 되어 갔습니다. 마음속에 울화가 가득 차서인지 온몸에 종기가 났습니다.
 "옷이고 뭐고 다 필요 없다! 치우도록 해라."
 가슴에 불이 활활 나서인지 옷 입는 것도 거추장스러울 정도였습니다.
 그러는 사이 임금은 예순여섯의 나이로 돌아가신 정성왕후의 뒤를 이어 새 중전을 맞이하였습니다. 새 중전은 나이가 열다섯으로, 선보다 열 살이나 어렸습니다.
 새 중전을 맞은 지 한 달 뒤에는 왕세손의 책봉식이

열렸습니다.
'내 아들 산이 장차 이 나라의 군주가 되겠구나!'
선은 누구보다 임금의 사랑을 받는 세손이 자랑스러웠습니다. 궁궐에 이토록 기쁜 잔치가 있었지만 선은 날이 갈수록 몸과 마음이 지쳐만 갔습니다.
그러던 어느 날 뜻밖의 소식이 날아들었습니다.
"세자는 병이 깊으니 온양 별궁으로 요양을 떠나도록 하라!"
임금이 여러 신하들과 의논하여 선을 온양에 있는 별궁에 가도록 한 것입니다.

"아, 성은이 망극하옵니다!"

선의 눈에서 뜨거운 눈물이 주르르 흘러내렸습니다. 스물여섯 나이에 처음으로 임금의 품을 벗어나 멀리 떠나게 된 것입니다.

마침내 선은 임금이 타는 가마인 연을 타고 수많은 호위 병사와 가마꾼 들을 거느리고 궁궐을 나섰습니다. 선의 가마 옆으로는 군기시에서 가져온 포가 따르고, 검은 기와 붉은 기를 든 군졸들이 따르는 등 행렬이 호화롭기 그지없었습니다.

"세자 저하, 만세."

"세자 저하, 부디 만수무강하옵소서."

가는 길목마다 백성들이 뛰어나와 엎드려 선의 건강을 빌어 주었습니다.

어느덧 행렬은 한강으로 이어졌습니다. 하지만 7월이라 장마 때문에 물이 불어서 강을 건널 수가 없었습니다. 그러자 경기 감사가 나와 배 수십 척을 굵은 동아줄로 엮어 강을 건너게 했습니다.

선의 일행이 막 강을 건넜을 때였습니다.

"저하, 동이와 봉구이옵니다."

"저하가 온양 별궁으로 가신다는 소식을 듣고 저희도 따라가는 중이옵니다."

달쇠가 동이와 봉구를 데리고 와서 선에게 인사를 시켰습니다.

"하하, 고맙구나. 그래, 새로운 서책이라도 가져온 게냐? 온천을 하는 틈틈이 서책이나 읽으며 시간을 보내려 한다."

"그럼요, 여기 있습니다. 이것은 우주만물을 다룬 책이옵니다."

"이것은 병법에 관한 책과 천주학에 관한 책이옵

니다."

동이와 봉구는 몰래 숨겨 온 서책을 내밀었습니다. 모두가 선이 즐겨 읽고 관심을 가진 주제의 책이었습니다.

마침내 날이 어두워지자 선은 과천의 객사로 들었습니다.

"나를 따르는 일행들이 행여 관사가 아닌 백성들이 사는 민가에 들어가 잠을 자지 못하게 하라. 나 때문에 가뜩이나 힘든 백성들이 곤란을 당할까 염려하여 이르는 말이다."

선은 행렬을 따르던 병조좌랑에게 단단히 일렀습니다. 비록 몸이 아파 요양을 가지만 백성들에게 조금이라도 피해를 주고 싶지 않았기 때문입니다.

다음 날 아침 일행은 다시 수원을 향하여 떠났습니다. 목적지에 닿자 선은 일행과 함께 북쪽에 있는 산으로 올라갔습니다. 그곳은 바로 화산이었습니다.

선은 어쩐지 그 산이 마음에 들었습니다.

"아, 사방이 탁 트이고 참으로 아늑하며 좋은 곳이로다. 저런 산자락에 움막 하나 짓고 살면 얼마나 좋을까!"

선은 사방을 둘러보며 감탄을 하였습니다.

그 후 선은 진위, 직산을 거쳐 온양에 가는 동안 수많은 백성들을 만났습니다.

선의 행렬이 지날 때면 백성들이 어김없이 나와 선을 맞아 주었습니다. 그들은 조금이라도 선을 가까이에서 보려고 서로 밀쳐 대며 야단이었습니다.

그 모습을 본 선은 충청 감사에게 일렀습니다.

"나를 보러 왔다가 말과 부딪치고 얽혀서 넘어지고 쓰러지는 사람들을 찾아내어 각별히 보살펴 주도록 하여라. 그리고 나 때문에 논이나 밭이 상하는 일이 없도록 주의하여라."

선은 가는 곳마다 백성들의 안전과 편안함을 위해 각별히 마음을 썼습니다.

"세자마마는 참으로 도량이 넓으시다."

"장차 이 나라의 성군이 되실 게다."

백성들은 선을 우러러보며 말했습니다.

마침내 온양 별궁에 닿은 선은 몸과 마음이 날아갈 듯 가볍게 느껴져 참으로 즐거웠습니다.

"도치야, 내 나라 내 땅 방방곡곡에서 백성들이 저마

다 땀 흘려 일하며 살고 있다는 것을 이제야 알았구나. 내 그동안 너무 엄살을 부리며 살았다. 내가 그동안 아무 일도 하지 않고 잘 먹고 잘산 건 모두 백성들이 흘린 땀과 수고 덕분이라는 사실을 새삼 깨달았노라!"

선은 가슴이 벅차올랐습니다.

'어서 가서 아바마마께 문안을 드리며 내가 보고 듣고 느낀 것들을 다 말씀드리리라!'

온양에 머문 날과 오고 가는 날을 더해 채 스무 날도 안 되었지만 선은 그 사이에 느낀 것들이 너무나 많았습니다. 설레는 마음으로 한양으로 돌아온 선은 임금이 머무는 경희궁으로 나아가 문안을 드리겠다는 뜻을 전했습니다.

하지만 잠시 후 도승지가 나와 말했습니다.

"저하, 여러 날 동안 오시느라 힘들었으니 오늘은 돌아가 쉬고 다음 날 만나시자는 전갈이옵니다."

"그래? 아바마마가 그러셨단 말이지?"

선은 가슴이 철렁 내려앉았습니다.

'아바마마는 아직도 나를 미워하시는 걸까?'

선은 어린아이처럼 잔뜩 들뜬 마음이 한순간에 가라앉

는 듯 서운했습니다.
 온양 행궁으로 가는 길에 선에게 있었던 모든 일은 입소문을 타고 신하들 사이로 퍼져 나갔습니다.
 "백성들이 저하를 그토록 우러러보았단 말인가?"
 "암, 백성들을 배려하고 아끼는 저하의 마음이 고스란히 백성들에게 전해진 걸세. 가는 곳마다 백성들이 저하를 보려고 구름처럼 몰려 나왔다네."
 그 말을 들은 노론 대신들은 걱정이 태산 같았습니다.
 '장차 세자가 임금이 되면 큰일이구나. 우리가 설 자리는 없을 거야. 무슨 수를 써야겠어.'
 그들은 바른말을 잘하고 강직하며 저돌적인 선의 모습에 두려움을 느끼기 시작했습니다. 하지만 선은 알지 못했습니다. 지난 나주벽서사건 이후, 조정의 권력을 손에 쥐고 있는 노론 대신들이 자신을 눈엣가시처럼 여기기 시작했다는 것을 말입니다.
 선은 온양에 다녀온 후 이제나저제나 인사를 여쭈어도 좋다는 임금의 허락이 내려지기를 기다렸습니다. 하지만 참 이상한 일이었습니다. 임금은 거의 여덟 달이 지나도록 선을 부르지 않았습니다.

'아바마마는 왜 나를 만나 주시지 않는 것일까? 나를 세자로 여기지도 않으시는 게 분명하다.'

그러자 선은 또다시 울화증이 도지기 시작했습니다. 임금은 임금대로 선이 문안을 오지 않는다며 괘씸하게 여기고 있다는 것을 모른 채 말입니다.

선은 그즈음 임금이 세손을 어여삐 여기며 자주 불러 글공부에 대해 물어보곤 한다는 걸 알고 있었습니다. 세손이 영특하고 마음씨가 고와 어떻게든 할아버지인 임금을 기쁘게 하려 한다는 것도 말입니다.

'그나마 다행이구나. 내 아들 산이마저 미움을 받으면 안 되지. 암, 산이만큼은 아바마마의 눈 밖에 나선 안 된다.'

선은 속으로 되뇌었습니다.

평안도로 가는 길

 갑갑증이 날 때면 선은 궁궐 후원에서 말을 타고 화살을 쏘고, 칼을 휘두르며 마음을 달래곤 했습니다. 유난히 무예를 좋아해서 『무기신식』이라는 책을 펴낼 정도였습니다. 군사들이 보기 쉽도록 곤봉, 장창뿐 아니라 죽장창, 월도, 쌍검 등 여러 가지 무기 다루는 법을 그림으로 그린 책이었습니다.
 "이이얍! 이야아압!"
 선은 궁궐 후원이 마치 광활한 들판이라도 되는 듯 말을 달리며 칼을 휘두르고 화살을 쏘았습니다. 선의 마음속에 저 멀리 북방을 향해 내달리던 고구려, 발해, 고려, 조선 임금들의 피가 흐르고 있었습니다.

'우리나라는 좁아서 군사를 쓸 만한 땅이 없도다. 하지만 동쪽으로는 왜와 가까이 있고, 북쪽으로는 오랑캐와 이웃해 있으니 그곳이 바로 중원 땅이다. 북벌론을 주장했던 효종 임금처럼 내가 저 압록강, 두만강 너머 그 넓고 넓은 땅을 되찾아 왔으면!'

선은 생각만 해도 가슴이 두근두근거렸습니다.

그러다가 문득 한 가지 생각을 떠올렸습니다.

'그래, 가자. 내가 가서 직접 눈으로 보는 거야. 저 북쪽 땅으로 가 보는 거야. 내가 왜 미처 그 생각을 못 했지? 마침 아바마마께 문안을 드린 지 오래되었으니, 내가 북쪽으로 다녀와도 모르실 게다. 가자, 당장 가자.'

선은 온양 행궁을 다녀올 때를 떠올려 보았습니다. 눈으로 직접 백성들이 사는 모습을 보고 내 나라 내 땅을 밟아 본 그 순간을 생각하자 가슴이 뛰었습니다.

북쪽으로 떠나기 전, 선은 미리 한 내관에게 단단히 일러두었습니다.

"내가 없는 동안 네가 내 행세를 하여라. 누가 안건을 물어 오면 지금까지 내가 해 온 것처럼 '알겠노라, 그리

하라!'라고만 대답하여라."

"저하, 어찌 소인이 그런 일을……."

내관은 벌벌 떨며 어찌할 바를 몰랐지만 선의 마음은 달라지지 않았습니다.

마침내 선은 달쇠와 도치, 그리고 임진강가에서 미리 만나기로 약속한 동이와 봉구를 데리고 아무도 몰래 북쪽으로 말머리를 돌렸습니다.

온 천지에 봄꽃들이 피고, 나무마다 연두색 잎새가 돋아나는 초봄이었습니다. 북쪽으로 갈수록 산이 깊고 고개가 높았지만 선은 더욱 힘차게 달리고 또 달렸습니다. 먼 옛날 군사들이 그 길을 따라 중원으로 달려갔다고 생각하니 저절로 힘이 솟았습니다.

"달쇠야, 도치야. 이제야 답답하던 마음이 좀 풀리는구나! 내가 제일 바라고 바라던 일이다."

선은 말갈기를 휘날리며 북쪽으로 달려갔습니다.

그런데 일행이 막 개성을 지날 때였습니다. 한 무리의 사람들이 이불 보따리며 살림살이를 이고 지고 걸어가는 게 보였습니다.

"그대들은 어디를 가는 길인가?"

선은 말에서 내려 그들 곁으로 다가가 물었습니다.

"허, 보면 모르겠소? 춘궁기에 먹고살 게 없어서 산으로 들어가 화전이라도 일굴까 하고 가는 길이오. 송기 껍질이라도 벗겨 먹고, 나무에서 올라오는 새순이라도 따 먹으며 목숨을 이어 나가려고요."

상투를 튼 남자는 퉁명스레 말했습니다. 그러고 보니 올망졸망 딸린 식구들은 피죽 한 그릇도 먹지 못한 듯 얼굴이 핼쑥했습니다.

"그게 무슨 소리인가? 나라에서 지금과 같은 춘궁기에 곡식을 빌려다 먹은 후 가을에 추수를 하여 갚도록 환곡을 해 주고 있지 않은가?"

선은 안타까운 듯 물었습니다.

"허허, 젊은 도련님이 하나만 알고 둘은 모르는구려. 관아에서 곡식을 빌려다 먹으면 반드시 가을에 갚아야 하는데, 농사지을 땅이 어디 있으며 그걸 갚을 돈이 어디 있단 말이오? 돈을 갚지 않으면 관아에 잡혀갈 게 뻔하니 차라리 소나무 껍질을 벗겨 먹든가, 풀을 뜯어 먹으며 사는 게 배 속이 편하다오."

남자는 푸념을 늘어놓으며 식구들을 이끌고 가던 길을 걸어갔습니다.

"아, 이 나라 백성이 저렇게 먹고살 게 없어 떠돌아 다녀야 하다니!"

선은 탄식을 하였습니다. 그러자 옆에 있던 동이가 말했습니다.

"저하, 가난 구제는 나라도 못한다는 말이 있지 않습니까? 너무 심려 마옵소서."

"그건 틀린 말이다. 나라가 가난한 백성을 구제해 주는 건 당연한 일이다. 모든 사람이 골고루 잘 먹고 잘사는 나라, 그것이 바로 행복한 나라 아니겠느냐."

선은 평양까지 가는 내내 마음이 아팠습니다.

"저하, 참으로 먼 곳까지 오셨습니다. 어서 이리로 드시옵소서."

마침내 도착하자 평양 감사가 나와 선 일행을 반겨 주었습니다.

사실 선은 이번 평양행을 결심하면서 평양 감사로 있는 정휘량에게 미리 연락을 해 두었습니다. 정휘량을 만나 멀리 북쪽 국경까지 함께 가 보려는 생각이었습니다.

 선은 그곳에 머무는 동안 달쇠, 도치, 동이와 봉구를 데리고 관서 지방 여기저기를 다니며 그곳 사람들이 사는 모습이며 국방 상황에 대해 살펴보았습니다.

 하지만 선의 평양 나들이는 그리 오래가지 않았습니다. 겁이 난 평양 감사 정휘량이 세자가 평양에 와서 한 일들을 세자빈의 아버지인 우의정 홍봉한에게 낱낱이 알린 것입니다. 홍봉한은 또 그 일을 홍계희에게 넌지시 귀띔해 주었습니다.

 그러던 어느 날, 한양에서 동궁전 내관 하나가 달려와 선에게 다급한 소식을 전했습니다.

 "저하, 어서 환궁하시옵소서. 지금 유생들이 동궁전에 몰려가 저하를 만나게 해 달라고 간청하고 있사옵니다. 이는 모두 노론 일파인 홍계희가 꾸민 함정이옵니다. 그들은 저하가 지금 평양에 계신 줄을 알면서도 저하를 구렁텅이에 빠뜨리려 일부러 그러는 것이옵니다. 그러니 날이 밝기 전에 어서, 어서 환궁하시옵소서!"

"오냐, 알았다. 가자!"

선은 말을 마치자마자 바람처럼 번개처럼 한양을 향해 말을 달리고 달렸습니다. 산과 강과 들판과 나무와 풀들이 휙휙 스쳐 지나가고 숨이 턱에 닿았지만 선은 가던 길을 멈추지 않았습니다.

'너희가 나를 쓰러뜨리려 안간힘을 쓰는구나. 하지만 나는 쓰러지지 않을 것이다. 결코 너희 뜻대로 무너지지 않을 것이다!'

선은 어금니를 앙다물며 고삐 잡은 손을 늦추지 않았습니다.

밤새 말을 달려 마침내 선은 유생들이 기다리는 덕성합에 모습을 드러냈습니다.

"너희는 어찌하여 나를 찾느냐?"

"아니, 저, 저하……."

평양에 있다던 선이 눈앞에 나타나자 유생들은 마치 헛것을 본 듯 놀라 자빠졌습니다. 그러자 동궁전의 춘방 하나가 얼른 나서서 유생들을 꾸짖었습니다.

"그대들은 어디서 헛소문을 듣고 이리 방자하게 구느냐?"

"그, 그건 저하께서 멀리 유람을 떠나셨다는 소문 때문에 그러한 것입니다. 그러니 저하께옵서도 그런 소문이 돌지 않도록 앞으로는 서연에도 나오시고 대신들을 자주 만나시옵소서."

"하하, 그대들의 뜻이 그러하니 내 앞으로는 그리 하겠노라."

선은 시치미를 뚝 떼고 대답했습니다.

'한바탕 소동이 지나갔구나. 하지만 저들은 앞으로도

나를 가만두지 않을 것이다. 나주벽서사건 때부터 나를 궁지에 빠뜨리려 한 저들이 이번에도 실패하였으니, 곧 뭔가 다른 꿍꿍이짓을 벌이리라.'

선은 깊은 한숨을 내쉬었습니다.

선의 짐작은 그대로 사실이 되었습니다. 신하들은 얼마간 선이 경연과 서연에 모습을 보이지 않았다는 것을 임금에게 알리고 싶어 안달이 났습니다.

마침내 그들의 뜻대로 임금마저 그 사실을 알게 되었습니다.

'이제 올 것이 온 건가?'

선은 익선관과 곤룡포를 벗고 죄인처럼 검게 옻칠을 한 갓에 도포를 입었습니다. 그러곤 작은 가마를 타고 경희궁 현모문 밖에서 엎드려 빌었습니다. 한참이 지나자 임금은 선을 안으로 들어오도록 하였습니다.

"앞으로는 경연에도 나오고 서연에도 성실히 나가도록 하라!"

무슨 일인지 임금은 너그럽게 선의 죄를 용서해 주었습니다.

선은 다시 익선관을 쓰고 곤룡포를 입고 동궁전으로

돌아왔습니다.

'음, 분하다. 세자를 끌어낼 좋은 기회였는데 물거품이 되고 말았구나. 다시 기회를 엿봐야겠군.'

선을 미워하는 대신들은 이를 부드득 갈며 다짐했습니다.

함정에 빠진 세자

한 해가 저물고 임오년이 다가왔습니다. 어느덧 선이 대리청정을 한 지 13년째였습니다. 선은 마음 같아서는 또다시 멀리 평안도나 함경도까지 다녀오고 싶었지만 도저히 나갈 수가 없었습니다. 평양행 이후 조정 대신들은 선의 말 한마디, 행동거지 하나에도 트집을 잡으려 안달이었습니다.

'움치고 앉아서 뛸 수조차 없으니 갑갑하구나, 갑갑해!'

선은 숨조차 편히 쉴 수가 없었습니다.

그러던 어느 날 문득 한 가지 생각이 떠올랐습니다.

'옳지. 아무도 모르는 나만의 방을 만들자. 저들의 눈을 피해 숨을 수 있는 나만의 공간.'

 선은 마침내 동궁전 땅속에 세 칸짜리 집을 지었습니다. 방 사이에는 장지문을 달고, 사람이 드나들 수 있는 널빤지 문도 위로 달고 문을 가리려고 그 위에 떼도 입혔습니다.

 "정말 감쪽같구나. 여기 있으면 아무도 나를 찾지 못할 게다!"

 선은 땅속 집이 그 어느 곳보다 편했습니다.

 선은 그곳에서『삼국지』,『열국지』,『서유기』와 같은 중국 소설은 물론 천주학에 관한 책들을 읽었습니다. 임금과 조정 대신들의 눈을 피해 책을 읽는 시간이야말로 선에게는 기쁨이며 위안이었습니다.

하지만 선의 그런 행복도 오래가지 않았습니다. 온 세상이 초록으로 물든 오월 스무이틀이었습니다.

"대체 이게 무슨 소리인가?"

나경언이라는 사람이 형조에 '내관들이 역모를 꾀하고 있다.'라는 청천벽력과 같은 고변을 한 것이었습니다. 나경언의 고변으로 온 조정은 또다시 벌집을 쑤셔 놓은 듯 시끄러워졌습니다.

"당장 주상 전하께 이 사실을 고해야 하오!"

형조참의 이해중에게 그 놀라운 소식을 들은 영의정 홍봉한이 말했습니다. 마침내 이해중은 임금에게 그 사실을 아뢰었습니다.

"아아, 또 이런 변이 일어나다니. 당장 친국을 할 터이니 그리 알라!"

임금은 크게 놀라 상을 치며 애통해하였습니다. 그리고 즉시 성문을 닫으라고 명하고 군사를 시켜 모든 궐문을 닫은 후 친국장으로 갔습니다.

"나경언은 들으라, 너는 무슨 까닭으로 그런 고변을 한 것이냐?"

임금은 무섭게 물었습니다. 그런데 그 뒤로 이상한 일

이 일어났습니다. 나경언이 갑자기 옷소매 사이에서 편지 한 장을 꺼내어 임금 앞에 내미는 것이었습니다.

"소인은 주상 전하를 뵙고 이것을 올리고자 했으나 도저히 뵐 기회가 없어 형조에 거짓 고변을 한 것이옵니다. 정녕 소인이 올리고자 한 것은 바로 이것이옵니다!"

"그것이 무엇인고? 이리 가져오렷다."

임금이 다급하게 외치자 신하 하나가 고변서를 가져다 임금에게 바쳤습니다. 나경언이 올린 고변서에는 바로 세자의 허물에 관한 십여 가지 내용이 자세하게 적혀 있었습니다. 세자가 뚜렷한 이유 없이 사람을 죽이고 술을 마시며 궁궐까지 여자들을 끌어들이는 등 옳지 못한 행동을 일삼는다는 것이었습니다.

"아아, 변란이 어깨와 겨드랑이 사이에 있는 것을 내가 미처 몰랐도다!"

임금은 얼굴이 흙빛이 된 채 부들부들 떨었습니다. 어깨와 겨드랑이 사이에 변란이 있다는 것은 그만큼 가까운 곳에서 변란이 일어나고 있다는 뜻이었습니다.

임금은 세자빈의 아버지인 영의정 홍봉한과 우의정 윤동도에게 고변서를 보여 주었습니다.

"이 모두가 소신의 잘못이옵니다!"

"신이 먼저 죽고자 하옵니다!"

홍봉한과 윤동도는 엎드려 울며 빌었습니다. 그러나 모두가 속마음을 숨긴 채 겉으로 하는 행동이었습니다. 임금은 신하들을 보며 다시 탄식하였습니다.

"여기 모인 대신들은 모두 죄인 중의 죄인이다. 나경언이 이런 글을 올리지 않았으면 내가 어찌 세자의 잘못을 알았겠는가. 대신들 중에 아무도 나에게 이런 사실을 알려 준 자가 없으니, 그대들은 나경언에 비해 부끄럽지도 않은가?"

그러자 홍봉한이 나서서 말했습니다.

"전하, 이 글을 그대로 두어서 무엇하겠사옵니까? 어서 불에 태워 없애소서."

"그리 하라."

임금의 말 한마디에 나경언의 고변서는 불에 타 재가 되고 말았습니다. 또한 내관들이 역모를 꾀한다는 거짓 고변서를 전한 나경언은 역모를 운운한 죄로 옥에 갇혔습니다.

"뭐라? 내가 사람을 죽였다고? 대체 그게 무슨 말인

가?"

이 모든 소식을 들은 선은 까무러칠 듯 놀랐습니다. 그러고는 당장 임금이 있는 경희궁 홍화문으로 나아가 울며 대죄를 했습니다. 이미 시각은 온 세상이 캄캄한 밤이었습니다.

마침내 임금이 선을 친국장으로 불렀습니다.
선이 친국장으로 오자 임금이 다그쳐 물었습니다.
"네가 어찌하여 사람을 죽이고, 궁 안에 여자들을 끌어들이고, 네 멋대로 궐 밖을 드나들었는가? 또한 어찌하여 천한 것들과 어울리고, 읽지 말아야 할 책을 읽으며, 동궁전에 무기고를 만들어 역모를 꾀하려 했는가?"
"아바마마, 억울하옵니다. 소자, 억울하옵니다. 소자가 군기를 가까이한 것은 평소에 무예를 좋아하기 때문이옵니다. 밖으로 나돈 것 또한 단지 갑갑증과 울화가 있어 그러한 것이옵니다. 당장 고변을 한 나경언을 만나게 해 주옵소서. 소자의 결백을 증명해 보이겠나이다."
선은 엎드려 울며 소리쳤습니다. 하지만 이미 "죄인 나경언과 세자 저하를 같은 곳에서 마주치게 해서는 아니 되옵니다."라며 홍봉한이 나경언을 빼돌린 뒤였습니다

다. 어떻게든 나경언과 선을 마주치지 못하도록 수를 쓴 것입니다.

"차라리 미치는 게 낫지 않겠느냐? 당장 물러가라!"

임금은 선을 전각 밖으로 내쫓았습니다.

선은 금천교 위에 거적을 깔고 다시 석고대죄를 하였습니다. 그러나 곰곰 생각해 보니 모든 게 수상하기만 했습니다.

'대체 나경언이란 자가 누구이기에 나를 이리 모함하는가?'

선은 달쇠를 시켜 조용히 나경언에 대해 알아보라 일렀습니다.

얼마 후 달쇠가 달려와 울며 말했습니다.

"저하, 나경언은 바로 골수 노론인 윤집의 집에서 청지기를 지낸 자라 하옵니다. 그자는 노름으로 가산을 탕진하자 노론의 꾐에 빠져 큰돈을 받고 저하를 궁지에 빠뜨리려 한 것으로 보이옵니다."

"아아, 저들이 서로 입을 맞춰 나를 모함에 빠뜨렸으니 나는 빠져나가기 힘들 것이다. 이제 나는 어찌해야 하느냐?"

선은 하늘이 무너지고 땅이 꺼지는 듯 탄식하였습니다.

"오오, 세자마마, 세자마마. 빠져나갈 길이 분명히 있을 것이옵니다. 부디 마음을 굳건히 하소서."

달쇠가 안타깝게 울며 일렀습니다.

하지만 선은 문득 깨달았습니다.

'세상에는 아무리 발버둥 쳐도 안 되는 일이 있구나. 나 혼자 아무리 애를 써도 지킬 수 없는 것이 있구나. 저들은 나보다 수가 많고, 나를 도울 사람은 이 세상 천지에 아무도 없구나.'

선의 양쪽 뺨 위로 뜨거운 눈물이 철철 흘러내렸습니다.

얼마 후 역모를 꾀했다는 거짓 고변을 한 죄로 나경언이 죽임을 당하자 선은 더욱 불안하기만 했습니다.

'나경언을 살려 둬야 그가 누구의 사주를 받고 나를 모함했는지 밝혀 낼 텐데, 이제 그마저 죽고 없으니 나는 어찌 되려는가?'

신은 금천교에서 시민당 뜰로 옮겨 날마다 울며 석고대죄를 했습니다. 하지만 선이 일주일이 지나 아흐레가

넘도록 석고대죄를 하는데도 임금은 꿈쩍도 하지 않았습니다. 나경언의 고변이 있던 5월 22일부터 시작한 석고대죄는 윤5월 12일, 거의 스무 날이 되도록 계속되었습니다.

'이 넓고 넓은 궁궐에서 나를 구해 줄 사람이 하나도 없단 말인가?'

선은 문득 춘천에 가 있는 조재호를 떠올렸습니다. 그는 지난 나주벽서사건이나 토역정시 때도 운 좋게 살아남은 소론 쪽 사람이었습니다. 하지만 조재호는 쉽게 궁궐로 오지 못했습니다.

'그래, 내가 직접 아바마마를 뵙고 말씀을 드리자. 내 진심을 알려 드리자!'

다급해진 선은 다짜고짜 대전으로 갔습니다.

"아바마마, 아바마마, 선이옵니다. 제발 소자를 만나 주시옵소서!"

선은 대전이 쩌렁쩌렁 울리도록 울부짖었습니다.

"들라 하라."

임금이 마침내 선을 불러들였습니다.

"아바마마, 소자는 억울하옵니다. 소자가 북방에 간

것은 군사를 도모하기 위함이 아니요, 동궁전에 무기고를 둔 것 또한 역모를 꾀하기 위함이 아니요, 술과 여자, 놀이에 빠진 것도 아니옵니다. 그리고 잡서를 읽은 것 또한 사람들을 홀리기 위함이 아니라…….”

"안다, 내가 다 알고 있느니라. 하지만 너무 늦었다. 이미 너는 내가 손을 잡아 줄 수 없는 곳으로 너무 멀리 날아갔다. 모든 게 다 내 잘못이다. 나는 그 누구보다도 너를 강하게 키우고 싶었느니라. 힘 있는 신하들에게 이리저리 끌려다니는 나와 같은 허수아비 임금이 아니라, 너 홀로 우뚝 서서 신하들 위에 군림하는 강한 임금이 되기를 바랐느니라. 그런 나의 엄격함이 너를 상하게 하고, 다치게 했다는 걸 이제야 알았도다. 미안하구나, 모두가 다 내 잘못이다. 내가 그냥 연잉군으로 남아 있었던들 네가 이리 되지는 않았을 것이다. 하지만 이 모든 것을 되돌리기에는 너무 늦었느니라.”

"아바마마, 야속하고 야속하옵나이다. 어찌하여 아바마마는 단 한 번도 이 아들을 아들로 대하지 않고 신하로만 대하셨습니까? 저는 늘 아바마마의 기대에 못 미치는 부족한 아들이었나이다. 아바마마가 태산보다 높고 바다보다 깊어 감히 따르지 못했나이다. 하오나 아바마마, 기다려 주시지 그랬나이까? 조금만 더 기다려 주시면 아바마마처럼 성군이 될 것이오니, 부디 저에게 기회를 주시옵소서!"

선은 눈물을 철철 흘리며 매달렸습니다.

"선아, 내 아들아. 모든 것을 되돌리기에는 너무 늦었다. 노론 대신들은 승냥이처럼 너를 잡아먹으려 덫을 놓

왔다. 그러니 너는 이제 모든 것을 내려놓고 떠나야 한다. 그래야 네 아들 산이 산다. 내 약속하마. 네 아들 산은 누구도 터럭 하나 건드리지 못하게 할 것이니 안심하여라, 알겠느냐?"

임금의 얼굴에도 뜨거운 눈물이 쏟아져 내렸습니다.

"으흐흑, 아바마마. 소자, 정녕 가야만 하옵니까? 정녕 떠나야만 하옵니까?"

"선아, 미안하다, 참으로 미안하구나. 제발 이 아비를 용서해 다오······."

"아아, 아바마마, 아바마마······."

선은 차마 그 자리를 떠나지 못한 채 울부짖었습니다.

뒤주에 들어간 세자

 다음 날, 윤5월 13일 아침이었습니다. 선은 임금이 휘령전에서 부른다는 전갈을 받았습니다.
 '휘령전이라고? 왜 나를 그리로 부르시는 게지?'
 선은 갈팡질팡 어쩔 줄을 몰랐습니다. 휘령전은 바로 임금의 첫 번째 부인인 정성 왕후의 신위를 모시는 곳이었습니다. 그리고 세상을 떠날 때 절을 하는 곳이었습니다.
 "아아, 뭔가 심상치 않다! 아바마마는 나를 폐위시켜서 유배를 보내는 게 아니라 죽이시려는 것일까?"
 어제까지만 해도 폐세자가 되어 궐 밖으로 쫓겨 가리

라 여겼던 선은 두려움에 벌벌 떨었습니다.

"어머니, 빈궁, 나는 이제 어찌해야 하오?"

선은 슬피 울며 물었습니다. 하지만 어머니 선희궁도, 부인인 세자빈도 모두 임금과 노론의 뜻을 꺾기에는 힘에 부친 듯 보였습니다.

"아아, 세자, 이 어미는 어찌해야 한단 말이오!"

어머니는 세자를 보며 울다 돌아갔습니다.

"저하, 소인은 저하의 푸른 꿈을 믿었나이다. 저하가 장차 보위에 올라 이 나라 백성들의 어진 임금이 되시는 모습을 보고 싶었나이다. 그러나 이제 그 꿈은 다 사라지고 이토록 가슴 찢어지는 슬픔만 남았나이다. 하오나 저하, 저하에게는 저하의 꿈을 이어 갈 아들이 있사옵니다. 부디 그 아들의 앞길을 열어 주소서. 저하가 이루지 못한 꿈을 아들을 통해 이루도록 하소서. 만약 그러지 않으면 우리 아들 산이도 저하가 가는 길을 가게 될 것입니다. 으흐흑……, 이제 그 길만이 저하가 살 길이옵니다."

세자빈은 선에게 아들을 위해 모든 것을 내려놓으라 말하며 슬피 울었습니다.

그때 다시 한번 휘령전으로 나오라는 임금의 재촉이 날아왔습니다.

한여름인데도 선은 마치 한겨울처럼 온몸이 덜덜 떨려 왔습니다.

"빈궁, 아바마마께서 나를 부르시는구려. 그런데 왜 이렇게 몸이 덜덜 떨리는지 모르겠소. 추워서 도저히 견딜 수가 없으니 세손의 털모자를 가져오시오. 그것이라도 쓰고 가야겠소."

선은 덜덜 떨며 말했습니다.

"저하, 저하의 것을 가져오게 하겠나이다."

세자빈은 울며 선의 털모자를 가져다주었습니다. 그 모습을 본 선은 무엇인가 울컥 가슴 저 밑바닥에서 치밀어 오르는 것을 느꼈습니다. 자신을 지켜 주지 못하는 어머니도, 세자빈의 아버지 홍봉한도 그리고 세자빈도 모두 다 야속하고 서운했습니다.

'아아, 어머니도 세자빈도 모두 거추장스러운 나를 버리고 세손을 택한 것이다. 어느덧 열한 살이 된 내 아들 산에게 장차 보위를 물려주려는 것이다. 문제투성이인 나, 노론 눈 밖에 난 나, 이런 나를 버리고 어린 세손을

택하려는 게다.'

선은 눈물을 글썽이며 말했습니다.

"빈궁, 당신은 참 무섭고 흉한 사람이오. 이제 내가 곧 죽을 줄 알고 세손의 털모자를 쓰지 못하게 하는 것이오? 부디 세손을 데리고 오래오래 사시오!"

선은 천천히, 아주 천천히 동궁전을 둘러본 뒤 휘령전을 향해 휘청휘청 나아갔습니다.

마침내 선은 임금이 있는 휘령전으로 나아가 널빤지 위에 앉아 네 번 절을 올렸습니다. 그때였습니다. 갑자기 임금이 손뼉을 치면서 대신들에게 소리쳤습니다.

"그대들도 들었는가? 지금 정성 왕후가 내게 '변란이 호흡 사이에 달려 있다!'라고 하는 소리를?"

"……."

대신들은 그 누구도 감히 대답을 하지 못했습니다.

그때 임금이 시위 군사들을 향해 외쳤습니다.

"변란이 곧 닥칠 거라는데도 어찌하여 너희는 그대로 있느냐? 당장 칼을 뽑아 담장 쪽을 향하여 겨눠라!"

임금은 마치 어디선가 적군이라도 몰려올 듯 군사들에게 칼을 들고 궁궐을 지키라 명령했습니다. 그것도 보사라 군사들로 하여금 휘령전을 안팎으로 네 겹, 다섯 겹 에워싸도록 하였습니다.

'아아, 이제야 알겠구나. 아바마마는 내가 폐세자가 되어 살아 있으면 그 화가 산에게 미칠 것을 두려워하시는 게다. 그러니 내가 차라리 떳떳하게 죽기를 바라시는 게다. 아아, 나는 이렇게 가야 하는구나!'

선은 그제야 임금의 뜻을 짐작할 수 있었습니다. 임금은 아들을 죽이는 대신 손자를 살리기로 한 것입니다.

그때 다시 임금이 서릿발처럼 차갑게 명령했습니다.

"세자는 당장 널빤지 위에서 내려와 관을 벗어라. 그리고 맨발로 엎드려 머리를 땅에 조아리도록 하라!"

임금은 이제 선을 세자가 아닌 죄인으로 취급했습니다. 그러고는 다시 청천벽력과 같은 명령을 내렸습니다.

"나는 세자의 죄를 스스로에게 묻겠다. 그러니 세자는 어서 자결을 하라. 스스로 목숨을 끊으면 세자의 이름을 잃지 않을 것이로다."

"오, 아바마마, 정녕 그게 옳은 길이옵니까? 소자가 가는 게 옳은 길이옵니까? 그렇다면 기꺼이 가겠나이다. 내 아들 산을 위해 기꺼이 가겠나이다. 하오나 소자는 차마 아바마마 앞에서 죽을 수가 없으니 차라리 대궐 밖에 나가 죽게 해 주옵소서, 으흐흑!"

선은 울며 애원하였습니다.

그때였습니다.

"전하, 제발 세자마마를 살려 주시옵소서. 제, 제가 세자마마 대신 죽겠나이다. 세자마마를 잘 모시지 못한 죄가 저에게 있으니 저를 죽여 주시옵소서."

"전하, 저도 죽여 주시옵소서. 세자 저하를 모시고 북방에 간 건 바로 저이옵니다. 그러니 저를 죽여 주시옵소서."

달쇠와 도치가 울며 땅에 엎드려 빌었습니다.

그러자 임금이 천둥처럼 노한 목소리로 소리쳤습니다.

"이놈들, 네놈들이 그러고도 살 줄 알았더냐? 세자가 가고 나면 네놈들 또한 산 목숨이 아니라는 걸 몰랐더냐. 네놈들뿐 아니라 저잣거리에서 세자를 호위하고 다니던 그 몹쓸 장사치 놈들 또한 살아남지 못할 것이다! 여봐라, 당장 저들을 데려가 목을 치도록 하라!"

"아바마마, 아바마마, 아니 되옵니다. 모든 건 소자 잘못이니 저들을, 저들을 풀어 주시옵소서. 아아, 달쇠야,

도치야, 너희가 어찌 나서느냐? 어서, 어서 달아나거라. 어서 여기를 빠져나가거라. 내 너희가 있어서 얼마나 든든했는지 아느냐. 부디 살아남거라, 어서!"

선은 그들을 보며 울부짖었습니다. 하지만 그들은 이미 군사들 손에 끌려 나가고 말았습니다.

"아아, 너희들이 나 때문에 죽는구나. 이 못난 나 때문에 다 죽는구나. 달쇠야, 도치야, 동이야, 봉구야!"

선은 가슴이 끊어질 듯 슬피 울었습니다.

그때였습니다. 갑자기 휘령전 밖이 소란스러워지더니 세손이 울며 달려왔습니다.

"아바마마, 아바마마!"

세손은 어느 틈에 아버지처럼 관과 도포를 벗은 죄인 차림으로 달려와 선의 뒤에 엎드려 울부짖었습니다.

"할바마마, 할바마마, 제발 아바마마를 살려 주소서. 으흐흑!"

세손은 눈물을 철철 흘리며 빌고 또 빌었습니다.

"누가 세손을 이리로 데려왔는가? 당장 데리고 나가지 못할까!"

임금이 호통을 쳤습니다.

그러자 군사 하나가 세손을 억지로 안고 나가려 애를 썼습니다.

"비켜라 이놈, 지금 내 아버지가 돌아가시게 생겼다. 그런데 네가 어찌 나에게 나가라 하느냐."

세손은 마구 발버둥을 치며 호통쳤습니다.

"산아, 내 아들 산아, 이리 오너라."

선은 안타깝게 세손을 불렀습니다.

"아바마마, 아바마마, 소자는 아바마마를 놓아 드리지 않을 것이옵니다. 아무 데도 가지 못하시옵니다. 제가 이렇게 곁에 꼭 붙어 있을 것이옵니다."

세손의 작은 두 손이 선의 목을 꼬옥 끌어안고 놓아주지 않았습니다.

선은 어린 세손의 귀에 대고 나지막이 속삭였습니다. 누구에게도 들리지 않고 오직 세손만이 들을 수 있도록 작은 소리로 말했습니다.

"산아, 이 아비는 가야 한다. 그게 네가 살고 할바마마가 사는 길이란다. 산아, 부디 너는 살아남아 장차 성군이 되어라. 아비가 하지 못한 것을 네가 다 이루어라. 아비는 노론도 소론도 아닌 그저 이 나라를 지키려는 충

심을 지녔을 뿐이다. 내가 북방으로 간 것은 나라를 지키기 위함이요, 잡서를 가까이한 것은 이 나라 백성들을 잘살게 하기 위함이었다. 그것이 저들 눈에는 역모로 보이고 미치광이 짓으로 보인 모양이다. 하지만 머잖아 백성들은, 이 세상은 나의 이런 진심을 알아줄 게다. 아가, 산아. 너는 꼭 이 나라 백성들을 잘살게 해 주는 임금이 되어야 한다. 나는 너를 믿는다. 내 아들 산을 믿는다!"

"아바마마, 아니 되옵니다. 아무 데도 못 가시옵니다. 저와 함께 오래오래 같이 사셔야 하옵니다. 할바마마, 할바마마, 아비를 살려 주소서!"

세손은 또다시 큰 소리로 울부짖었습니다.

"당장 세손을 끌어내지 못할까!"

임금의 불호령이 또 떨어졌습니다.

마침내 발버둥 치며 울던 세손은 관원들 손에 끌려 휘령전 밖으로 내쫓겼습니다.

그때 내관들이 커다란 뒤주 하나를 가져오는 게 보였습니다. 누군가가 임금에게 선을 뒤주에 가두라고 한 것입니다.

"세, 세자는 어서 저 뒤주 안으로 들어가라!"

임금은 떨리는 음성으로 말했습니다.

"아바마마, 소자가 정녕 죽어야 한다면 죽겠나이다. 죽어서 이 나라를 살리고, 아바마마를 살리고, 내 아들을 살리는 일이라면 소자 죽겠나이다. 부디 만수무강하소서."

선은 이제는 정말 떠나야 할 때라는 걸 알았습니다. 이제는 더 이상 머뭇거릴 수 없다는 걸 알았습니다.

"잘 있어라, 모두들 잘 있어라. 나는 간다……."

선은 멀리 북악산과 궁궐 지붕을 바라보고, 아들 산의 울부짖는 소리를 들으며 천천히, 아주 천천히 뒤주 속으로 들어갔습니다.

뒤주 뚜껑이 닫히고 철커덕 자물쇠가 잠겼습니다.

'다 끝났구나, 다 끝났어.'

선은 어두컴컴한 뒤주 속에 웅크리고 앉아 눈을 꼬옥 감았습니다. 문득 열네다섯 살 때였던가, 무당이 한 말이 떠올랐습니다.

"장차 길도 없고 문도 없는 외딴 방에 갇힐 신세로다……. 아, 그 말이 이것이란 말인가. 그렇다면 이것이 내 운명이라는 말인가."

선의 눈에서 뜨거운 눈물이 주르르 흘러내렸습니다. 울음은 좀처럼 그치지 않았습니다. 억울하고 슬플 것도, 원망할 일도 없는데 저절로 어깨가 들썩이며 꺼이꺼이 울음이 터져 나왔습니다.

그렇게 하루, 이틀, 사흘……, 시간은 점점 흘러갔습니다. 마침내 여드레째 되는 날이었습니다. 갑자기 하늘에서 천둥번개가 치더니 소나기가 마구 쏟아졌습니다.

"무섭도다, 무서워!"

선은 천둥번개 치던 오래전 어느 밤처럼 두 손을 깍지 끼고 무릎에 얼굴을 묻은 채 울었습니다. 그때 꿈속에서처럼 아슴아슴 누군가가 선을 부르는 소리가 들려왔습니다.

"세자마마, 어서 이리 오시어요."

한 상궁과 최 상궁이 너울너울 춤을 추며 선을 불렀습니다.

"저하, 어서 제 칼을 받으시옵소서. 어서요."

어린 달쇠가 나무칼을 휘두르며 웃었습니다.

"저하, 저랑 말타기 한번 하시옵소서."

도치가 말안장을 잡으며 말했습니다. 어느 틈에 그 옆에는 동이랑 봉구도 서 있었습니다.

그러자 갑자기 뒤주 안이 넓어지며 말 한 마리가 보였습니다. 선은 말 등에 훌쩍 뛰어올라 채찍을 움켜쥐었습니다. 그러고는 늠름한 모습으로 뒤주 뚜껑을 박차고 밖으로 뛰쳐나갔습니다. 멀리 하늘에서 별 하나가 유난히 반짝였습니다.

"그래, 나의 별이 저기 있었구나. 가자! 저 넓고 넓은 하늘, 나의 별나라로 가자. 그곳에 내가 꿈꾸던 새 세상을 만들자. 모두 나와 함께 가자꾸나!"

선은 그 어느 때보다 당당하고 힘찬 모습으로 말을 달리기 시작하였습니다.

달쇠와 도치, 동이와 봉구도 말을 탄 채 그 뒤를 따랐습니다. 그뿐 아니었습니다. 어느 틈에 수많은 사람들이 선의 뒤를 따라 달려오는 게 보였습니다.
"가자, 어서 가자!"
선은 멀고 먼 별나라를 향해 힘차게 달려갔습니다.

"나는 죽은 뒤주 왕자가
어쩌면 별나라로 갔을지도 모른다는 생각이 들었어요.
자신의 꿈과 희망을 펼칠 또 다른 나라, 갈등도 미움도
슬픔도 다툼도 없는 아름다운 별나라로 말이에요."

_작가 이규희